SBS스페셜

성적 급상승
공부법의 비밀

SBS스페셜
성적 급상승
공부법의
비밀

SBS스페셜 제작팀 지음

센시오

똑같이 공부하는데, 왜 나만 성적이 안 오를까?

꼴찌에서 수능 만점자가 된 주인공으로 지난 겨울 매스컴을 떠들썩하게 장식했던 송영준 군의 손가락이 허공을 수평으로 가로지른다. 자신의 지난 성적 그래프를 손가락으로 그려보라는 주문에 대한 답. 중간 정도 높이로 허공을 가르던 손가락이 어느 지점에서 하염없이 고꾸라진다.

'꼴찌!'

고등학교 입학 직후 치른 첫 시험의 결과였다.

2020년 수능 만점자는 총 열다섯 명. 그중에서도 사람들의 관심이 영준 군에게 쏠린 이유는 '꼴찌에서 수능 만점'이라는 극적으로 대립되는 두 단어의 조합 때문일 것이다. 그런데 사람들이 영준 군의 이력을 알게 될 때마다 내뱉는 반응이 흥미롭다.

'그냥 꼴찌'가 아니라 '외고 꼴찌'란 사실이 알려지자 나오는 감탄사는 "에이~~".

이건 아마도 '그럼 그렇지. 원래부터 공부 잘하는 아이였잖아'라는 의미일 것이다. 하지만 그 외고를 어려운 가정 형편 때문에 사회적 배려대상자로 입학했다는 사실이 알려지자 다시 감탄사가 바뀐다. "아아~".

이건 '공부를 아주 잘하는 아이는 아니었을 수도 있겠구나'라는 수긍, 비로소 '찐 꼴찌'임을 인정해준다는 의미일 것이다.

공부에서 좋은 성과를 냈다는 사람들의 소식이 전해지면 우리는 무의식적으로 '원래부터 잘했던 사람' 혹은 '타고난 머리가 좋은 사람'일 것이라고 먼저 생각하게 되는 것 같다. 예전엔 공부를 잘 못했다는 이력을 좀처럼 믿어주지 않는다. 꼴찌의 순수성에 대해 충분히 해명해야 할 정도다.

왜 그럴까?

또 다른 성적 역전 사례의 취재 내용을 공유하는 제작진 회의실에선 난데없이 교복 바지 재질에 대한 논쟁이 벌어졌다. 성적 역전왕 왕경업 군은 '공부를 열심히 하기로 결심한 뒤 너무 오래 앉아 있어서 교복 바지가 금방 닳아 다섯 벌이나 새로 샀다'고 했다.

제작진의 반응에는 의아함이 가득했다.

설마, 고3 때 살이 쪄서 바지가 닳은 게 아닐까?

5

맞아, 살이 찐 걸 엉덩이 힘으로 착각한 게 아닐까?

하지만 교복 재질이 좀 약하면 그럴 수도 있지 않을까?

아무리 그래도 다섯 벌이나?

본인이 교복 바지 다섯 벌이 닳을 만큼 뚝심의 엉덩이 힘을 발휘해 공부했다는데도 우리는 그 사실을 믿기보다 교복 재질이나 사이즈의 문제에서 원인을 찾으려 했다.

이건 또 왜 그럴까?

분명 타고난 좋은 머리로 공부를 잘하는 넘사벽 엘리트 학생들이 있다. 그처럼 남다르게 좋은 머리를 타고나지 않은 수많은 '평범이'들은 자신과 비슷한 '평범이'들의 역전 드라마를 갈구한다. 그러나 아이러니하게도 막상 나타난 희망의 사례 앞에서 우리는 환호하기보다 먼저 의심한다. 노력으로 이뤄낸 역전이 아니라 그들 역시 원래는 머리가 좋은 사람일 것이라고 넘겨짚어 버린다.

이러한 단정은 '그들은 될 놈이었고 나는 해도 안 될 놈'이라는 자기 방어이자 자포자기의 다른 말이 아닐까?

제작진이 취재한 성적 역전왕들의 이전 프로필을 새삼 짚어보면 이렇다.

사회적 배려대상자로 입학한 외고 꼴찌

야구에 빠져 공부와는 담쌓았던 성적 중하위권 학생

성실함은 전교 최고, 성적은 전교 꼴찌

공부는 뒷전, 제2의 김연아를 꿈꿨던 피겨스케이팅 선수

내신 7등급 게임왕

난독증으로 고1 때 휴학한 여고생

우등생 출신 엄마, 아빠, 누나에 둘러싸인 내신 8.5등급 수포자

어떤가.

과연 이들의 미래가 공부와 관련이 있을 거라고 예상할 수 있을까.

설령 뒤늦게 발동이 걸려 성적이 좀 올랐다 쳐도 감히 최상위권까지 넘보리라 짐작이나 할 수 있을까.

이들의 과거는 누군가의 현재 모습일 것이다.

제작진은 성적을 역전한 학생들을 만날 때면 한 가지 공통된 질문을 건넸다.

"당신이 결국 좋은 성적을 얻게 된 이유는 선천적 DNA 때문인가요, 후천적 노력 때문인가요?"

평범했던 성적이 비범해진 진짜 비결을 캐묻고 또 캐물었다. 그리고 한때 성적이 '찐 꼴찌' 혹은 중하위권이었던 사람들만이 알 수 있는, 온몸으로 터득한 성적 향상의 구체적인 비법들을 이 책에 정리해 담았다.

흔히 명선수가 명감독이 되는 건 아니란 말이 있다. 공부에 있어서도 타고난 우등생보다 한때 공부를 못했던 경험이 있는 사람들이 공부를 더 잘 가르치는 경우가 많다. 이 문제를 왜 어려워하는지, 어

떤 단계를 이해 못하고 있는지, 그 포인트를 이심전심으로 잘 알고 있기 때문이다.

이 책 속의 주인공들은 성적을 올리고 싶어 하는 수많은 학생들에게 자신의 경험을 아낌없이 나눠주고 싶어 하는, 천재가 아닌 평범한 옆집 형, 누나, 동생들이다.

우리는 이들의 10년, 20년 후 모습이 몹시 궁금하다. 단지 이들이 좋은 입시 성적을 얻은 사람들이어서가 아니라 초라한 자신의 현재 모습에 좌절하지 않고, 노력의 가치를 알고 자신을 믿으며, 성취의 경험을 만끽한 사람들이기 때문이다.

그 경험을 간직한 사람들의 삶이 이후 어떤 궤적을 그리게 될지 기대가 된다.

그리고 이 책을 읽은 그 누군가도 책의 어느 부분에서, 강렬한 스파크가 생겨 '성적 급상승'과 같이 불가능하게 여겼던 큰 목표를 달성해내는 짜릿한 경험을 하길 바란다.

_ SBS스페셜 〈성적 급상승 커브의 비밀〉 제작팀

CONTENTS

2장 꼴찌들이 성적을 단기간에 끌어올린 공부법

3장 공부 슬럼프가 왔을 때 빠져나오는 방법

4장 # 노력은 지각을 할지언정 결코 배신하지 않는다

왜 공부해야 하는지 알면
꼴찌들의 공부가
180도 달라진다

성적이 급상승한 학생들이
겪은 특별한 순간
'공부 발화점'

꼴찌 하던 그 친구는 어떻게 일류대에 갔을까?

우리 주변에는 '싹수부터 남다른 영재'와 '또래보다 몇 년을 앞선 모범생'들이 꼭 있다. 평범한 우리에 비해 그 아이들은 뭔가 달라도 한참 다른 것 같다. 어릴 때부터 특출하더니 영재교육원에 합격했다거나, 그 힘들다는 특목고에서도 상위권이라거나, 모의고사 전 과목 1등급을 놓치지 않는다든가 하는 소식은 그 아이들을 우리와는 다른 부류로 신격화하기에 충분하다. 그렇게 날고 기는 아이들이 가고자 하는 명문 대학을 넘본다는 건 언

감생심인 것만 같다.

물론 평범한 우리도 마냥 손 놓고 있는 건 아니다. 가방 가득 교재를 이고 학원 셔틀 버스에 몸을 싣는다. 학교 시험과 수행평가로 바쁜 와중에도 빠듯한 학원 숙제에 치여 밤늦도록 책상 앞에서 한숨을 쉬는 것이 어디 하루이틀인가.

실제로 초저녁부터 늦은 밤까지 불야성을 이룬 학원가 앞을 지나다 보면 그 분주하고도 일률적인 광경에 뭔가 모를 공허함이 밀려오기도 한다. 이 많은 아이들은 하나의 길 위에서 저마다 어떤 광경을 보며, 어떤 생각을 하며 달리고 있을까? 저 아이들은 무엇을 배우고 있을까? 이들이 하는 공부란 과연 어떤 것일까?

그런 상념은 사치라고 말하는 사람도 있다.

"엄마가 보내주는 학원에 순순히 다니기라도 하면 소원 없겠어."

"우리 애는 학원에 전기세 내러 가. 남들 공부할 때 그냥 가방만 메고 왔다 갔다 하나 봐.'

이렇게 고개를 젓는 부모들이 그런 경우다. 어떤 아이들은 '공부'라는 단어 자체에 거부반응을 일으키기도 한다. 공부 좀 하라는 부모의 말에 자기는 공부를 해도 안 된다고, 애초에 글렀다고 지레 성질을 내며 날을 세우기도 한다.

공부머리가 뛰어나지 않은 평범한 아이들이 일류 대학을 꿈꾸는 것은 정말 욕심일까?

공부 자체가 괴롭고 버거운 아이들이 공부에 흠뻑 빠져드는 일은 그저 기적일까?

중요한 사실은 그런 기적을 만들어낸 '꼴찌의 역전승' 스토리가 해마다 어김없이 탄생한다는 것이다.

그 스토리의 주인공이 되려면 뭘 어떻게 해야 할까?

성적이 급상승한 모든 학생들이 겪는 놀라운 공통점

마지못해 등 떠밀려 하는 공부, 남들도 다 하니까 울며 겨자 먹기로 하는 공부. 그런 공부로는 결코 원하는 결과를 거둘 수 없다. 내가 스스로 걷지 않는데 누군가가 억지로 신발을 신기고 손을 잡아끌어서 어떻게 오래, 제대로 달릴 수 있을까.

실제로 서울대 합격생 130여 명을 인터뷰한 학습 전문가는 이렇게 말한다.

"자기 선택과 자기 의지 없이 그런 결과를 만들어낸 사람은 단언컨대 한 명도 없었다. 부모님이 시켜서 꾸역꾸역 학원 가고 숙제를 할 뿐, 본인의 주체적인 노력이 그 안에 없다면 절대 좋은 결과로 이어질 수 없다."

특히 중고등학교 내내 성적이 하위권에 머물다가 거짓말처럼 급상승한 경우를 보면 신기하리만큼 똑같은 한 가지 공통점이 두드러진다. 어느 순간부터 '의식적인 노력'을 시작했다는 것이다. 의식적인 노력이 일단 시작되고 나면 그때부터 아이들의 하루하루와 24시간은 이전과 180도로 달라진다. 외부의 동력이 끊기는 순간 맥없이 멈추는 것이 기계적인 노력이라면, 의식적인 노력은 스스로 끊임없이 자가발전을 한다. 또한 주어진 양을 해치우는 것이 목적인 기계적인 노력에 비해 의식적인 노력은 나에게 정말 필요한 것, 부족한 부분을 정확히 파악해 효율적으로 결핍을 채워나간다. 그렇기에 똑같은 시간을 공부해도 결과는 다를 수밖에 없다.

이 의식적인 노력이 시작되는 계기는 사람마다 다르다. 머리가 땡할 만큼 큰 충격과 함께 찾아올 수도 있고, 한 겹 두 겹 쌓인 감정의 물꼬가 어느 날 새로운 방향으로 트이면서 시작되기도 한다. 그 특별한 순간에는 공통점이 하나 있다. '이대로는 안 되겠다', '이제부터 공부를 해야겠다'라는 분명한 결심이 안에서부터 세차게 피어오르고, 이후로 절대 꺼지지 않는다는 사실이다.

공부머리에 희망 품는다면
반드시 알아야 할 한 가지

많은 부모들이 하는 이야기가 "우리 애가 머리는 좋은데 도통 공부할 마음을 먹질 않아요"다. 하지만 부모들이 착각하는 것이 있다. 분야를 막론하고 어떤 일을 제대로 시작할 동기가 부여되려면 '하고 싶다'만으로는 부족하다. '하고 싶다'라는 동기 외에 꼭 필요한 것이 바로 '할 수 있다'라는 동기다.

우리는 기본적으로 승산이 있다고 느낄 때 작으나마 노력을 시작한다. '이 만큼의 노력을 투자하면 최소한 이 정도의 성과를 얻을 수 있겠지'는 기대가 있어야 마음이 움직이고 몸이 움직인다.

공부가 마냥 어려운 아이들, 공부하기가 죽기보다 싫은 아이들에게 "너 도대체 뭐가 되려고 그러니?"라고 다그쳐보았자 아이들은 한 발자국도 움직이지 않는다. 이 아이에게 공부의 씨앗은 어디 숨어 있을까? 그 씨앗 위에 무엇이 덮여 있기에 싹을 틔우지 못하는 걸까에 초점을 맞추어야 한다. 씨앗을 짓누르고 있는 돌멩이를 치워내고 잠자던 동기를 건드렸을 때 아이들의 공부 시간은 시작된다.

누구에게나 있는 '공부를 잘하고 싶다'라는 동기가 수면으로 떠오르고 '나도 공부를 잘할 수 있겠는데?'라는 새로운 동기가 일어날 때 우리의 뇌는 이전과 완전히 다른 메커니즘으로 움직이기 시작한다. 교실 뒤에서 놀던 아이들이 스스로 책을 펼친다. 되는 대로 책장을 넘기던 데서, 나에게 꼭 맞는 공부법을 연구하고 정확한 시간표에 따라 시간을 알뜰히 나눠 쓰는 것으로 공부의 방법이 뒤바뀐다.

그렇게 '하고 싶다'와 '할 수 있다'라는 마음이 만나 불꽃을 일으키고 나면 그 순간이 발화점이 되어 공부의 추진력은 날개를 단다. 공부의 발화점을 경험한 아이들에게 나타나는 가장 큰 변화는 공부의 성장주기를 스스로 만들어나가기 시작한다는 것이다. 이 성장주기에 따라, 늘 제자리를 맴돌던 성적 그래프는 어느

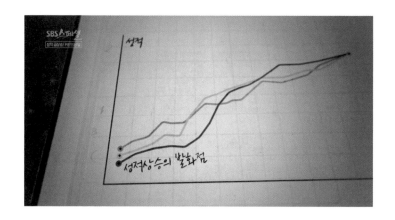

순간 모두가 놀랄 만큼 급격히 수직 상승한다.

　이런 거짓말 같은 변화는 누구에게나 일어날 수 있다. 머리가 뛰어나지 않아도 괜찮다. 어릴 때부터 사교육과 선행이 뒷받침되지 않은 경우라도 상관없다. 남들보다 한참 늦어도 가능하다. 대한민국 교육 과정에서 요구하는 최소한의 사고력과 응용력 정도만 갖추었다면 누구나 연습만으로 얻을 수 있는 결과다.

　이 책에서 소개하는 일곱 명의 학생들 모두 마찬가지였다.

　고3 때 8.5등급을 받았던 조혜윤 군은 연세대 경제학과에 진학했고, 무려 전교 꼴등이라는 기록을 보유한 김현수 군은 270일의 짧다면 짧은 공부 끝에 의대에 합격했다.

　우리 모두의 이야기가 될 수 있는 그 일곱 순간 발화점의 이야기를 지금부터 하려 한다.

전교 꼴찌에서
의대생이 되다

- 270일에 모든 것을 쏟아붓다

0.1퍼센트의 확률에서 기적을 만들어내다

전교 꼴찌가 의대생이 될 확률은 얼마나 될까? 아마 대부분
은 '말도 안 되는 소리'라고 할 것이다. 한마디로 0퍼센트라
는 뜻이다. 그런데 그 말도 안 되는 이야기를 현실로 만들어
낸 사람이 있다.

1장 왜 공부해야 하는지 알면 꼴찌들의 공부가 180도 달라진다

고1도 아닌 고3 때 당당히 전교 꼴찌를 기록하고서 재수 후 건양대 의대에 합격한 김현수 군이 그 주인공이다. 0퍼센트의 확률을 무너뜨리고 0.1퍼센트의 선례를 남긴 현수 군은 어떻게 '진짜 공부'를 시작하게 되었을까?

고3 현수 군이 수능이 끝난 후 받아든 성적으로는 갈 대학이 없었다. 수시 여섯 곳, 정시 세 곳의 대학에 모두 떨어졌다. 예비 후보로조차 아무 곳에서도 연락이 오지 않았다. 선택의 여지없이 재수라는 길에 들어섰다. 다음 수능까지 남은 시간을 계산해보니 1년 365일보다 100일이나 모자란 270일이었다. 성적이 바닥까지 떨어진 현수 군에게는 마지막으로 주어진 귀한 시간이었다.

그동안 쌓아놓은 공부의 기본기라는 게 없었다. 뭘 어떻게 공부해야 하는지조차 막연했다. 처음부터 모든 것을 스스로 세팅해야 하는 상황이었다. 남들보다 한참 부족한 시간 동안, 남들보다 한참 모자란 성적을 끌어올려야 했다.

그리고 270일 뒤, 다시 치른 수능 끝에 현수 군은 원하던 의대에 멋지게 합격한다. 현수 군이 홀로 싸워낸 270일 동안 무슨 일이 일어났을까?

빼질이 사춘기, 사고 한번 제대로 치다

중학교 때 현수 군은 요즘 말로 '인싸'였다. 외향적인 성격에 말도 많고 친구도 많은, 한마디로 잘 노는 아이였다. 쉬는 시간이면 종이를 뭉쳐서 신나게 종이 야구를 하고, 친구들 옆에서 수시로 목청껏 노래를 불러 '그만 좀 하라'는 타박을 들을 정도로 장난기가 넘쳤다. '쉬는 시간까지 의자에 앉아서 공부만 하는 애들은 찌질하다'고 생각하던 철없는 사춘기 시절이었다. 전교생 300명 가운데 성적은 100등에서 200등 사이를 큰 폭으로 오가는 수준이었다.

현수 군에게 공부는 조금도 관심이 가지 않는 분야였다. 어떻게든 능구렁이처럼 빠져나갈 방법만 연구했다. 이사할 때 가구를 들어내니 옷장, 벽장, 서랍장 등 온갖 틈새에서 조금씩 뜯어내 구겨 넣은 학습지들이 쏟아져 나왔을 정도로 '빼질거리는' 기술이 수준급이었다. 부모님은 기술 배우는 고등학교에 갈 것을 진지하게 권했지만 '그래도 공부로 승부를 봐야지.' 하는 이상한 고집이 발동했다.

현수 군의 학창시절에서 가장 화려한 시기는 고등학교 입학 무렵이었다. 고등학교 예비소집일에 학교에 가니 겨울방학 숙제로 문제집을 한 권 나누어줬다. 국어, 영어, 수학 세 과목 문제가 난이도별로 고루 나와 있었다. 성적에 반영되는 것은 아니기에 대부분의 아이들은 굳이 풀어보려 하지 않았다. 하지만 아들이

고등학교 가서도 정신을 못 차릴까 걱정한 아버지는 마침 지인이 원장으로 있는 학원에 현수 군을 데리고 가서는 이렇게 부탁했다.

"애를 그냥 하루 종일 앉혀놓고 이것만 풀게 해줘."

아버지의 말대로 현수 군은 방학 동안 정말 매일같이 학원에 가서 그 문제집을 반복해 풀었다. 덕분에 답은 물론이고 풀이 과정까지 달달 외운 채로 고등학교에 입학할 수 있었다. 사건은 반배치고사 때 벌어졌다. 현수 군은 그 시험을 '인생에서 가장 쉬웠던 시험'으로 기억한다. 학원에서 외우다시피 했던 문제들이 고스란히 출제됐기 때문이다. 결과는 전교 3등. 그야말로 집안의 경사였다.

첫 야자 시간을 아직도 기억한다.

"우리 반 1등은 전교 3등이다. 김현수!"

당당히 손을 들었을 때 현수 군에게로 쏟아지는 친구들의 시선에는 부러움과 감탄이 가득 담겨 있었다. 그날 쉬는 시간에 반 아이들이 현수 군의 자리로 모여들었다. 1등은 도대체 뭘 공부하나 궁금했던 것이다. 어려운 문제집을 풀어 보일 수는 없는 실력이었기에, 그날 도덕 시간에 배웠던 교과서 내용을 공책에 그대로 베껴 썼다. 친구들 눈에는 그게 또 멋져 보였는지 다들 진지하게 고개를 끄덕였다.

하지만 영광의 시간은 길지 않았다. 첫 번째 모의고사에서 원래 실력이 그대로 드러난 것이다. 첫 시험이라 긴장해서 실수했 겠거니 하고 이해해준 선생님도 중간고사 이후에는 사뭇 다른 시선을 보내기 시작했다. 당시 학교에서 수학 과목은 수준별 수 업을 해서 상, 중, 하반으로 나뉘어 있었는데 상반에 배치되었던 현수 군은 하반을 간신히 면한 중반으로 미끄러졌다. 이후 시험 을 계속 치를수록 현수 군의 이미지는 '허울만 좋은 모범생'으로 전락했다.

소문난 모범생, 수학 성적은 8점?

그나마 중위권을 유지하던 성적은 2학년 2학기부터 더 떨어지 기 시작해 고3, 수능이 가까웠을 때는 최하위권으로 곤두박질하 고 말았다. 지금도 친구들 사이에서 전설로 회자되는 '수학 8점' 사건도 그 무렵 일어났다.

현수 군이 전교 꼴찌를 기록한 그 시험은 유독 어려웠다. 수 학 시험지를 받아들었는데 1번부터 풀리지가 않았다. 한참을 끙 끙대다가 옆 친구를 슬쩍 돌아봤다. 평소 공부 안 하기로 이름난 그 친구도 앞장을 다 풀고 벌써 뒷장을 넘기고 있었다. 조급한 마음에 시험지를 이리저리 훑어봐도 풀리는 문제가 어쩌면 단 하나도 없었다. 참담한 심정으로 답을 찍기 시작했다. 3, 5, 2, 4, 2…… 마구잡이로 찍어나가다가 '이러다 다 틀리겠다.' 싶어 뒤 에 열 문제 정도는 2번으로 모두 통일했다. 결과는 앞장에서 하나, 뒷장에서 하나 모두 두 문제를 맞아 8점이 나왔다.

재미있는 사실은 친구들이 고등학교 시절 현수 군을 아주 성실한 아이로 기억한다는 점이다. 수업 시간에 졸거나 야자 때 도망간 적이 한 번도 없었다. 고등학교 3년 내내 학급 임원을 도맡았고 3학년 때는 야자 감독까지 맡아서 밤 12시까지 이어지는 추가 자습에도 꼬박꼬박 참여했다. 수업 시간에는 누구보다 꼼꼼하게 필기를 하고 늘 제자리에 앉아서 공부를 하는 듯 보였기에 선생님들도 "현수는 정말 열심히 하네. 넌 뭘 해도 될 거야"라며 응원해주셨다.

입시 정보에도 훤해서 반에서 '입시의 달인'으로 통했다. 야자 시간이면 친구들 한 명 한 명 입시 상담을 해주는 게 일이었다. 자기소개서를 읽고 조언해주거나, 그 친구의 점수에 맞는 입시 전형을 추천해주면서 나름 보람을 느꼈다. 그러다 보면 야자 시간은 통째로 훌쩍 지나가버리곤 했다.

돌아보면 겉보기에만 멀쩡할 뿐, 실속은 하나도 없는 상태였다. 공부를 실제로 하는 것이 목적이 아니라 '공부하는 것처럼 보이는 것'이 목적이었던 탓이다. 현수 군의 실체는 '수학 8점' 사건을 통해 적나라하게 드러났다.

사실 상위권의 점수는 공개하는 경우가 흔하지만, 중하위권 아래로는 등수를 잘 알려주지 않는다. 하지만 현수 군은 '성실한 반장'이라는 이미지 때문에 극단적인 점수가 오히려 부각된 경우였다. 성적에 그리 예민하지 않은 남자 반의 경우, 점수가 나오면 점수표를 공개적으로 죽 돌려서 본인이 확인하고 사인을 하도록 했다. 거기 적힌 8점이라는 점수는 현수 군에게도, 친구들에게도 놀라운 숫자였다.

그날 점수표를 돌린 후 수학 선생님이 "자, 오늘은 누가 칠판 지울까?"라고 묻는데 짓궂은 친구 하나가 대뜸 대답했다.

"선생님, 현수 꼴찌 한 기념으로 칠판 한번 지우라 하죠."

선생님은 의아한 표정으로 되물었다.

"뭐? 반장이 꼴찌야? 몇 점인데."

"8점이요!"

이구동성으로 들려오는 아이들의 소리에 선생님은 어이가 없다는 듯 각 반 학생들의 점수표를 모두 꺼내 들었다. 그리고 이름은 비공개로 한 채 각 반 꼴찌들의 점수를 나열하기 시작했다.

"자, 한번 보자. 3반 꼴찌는 9점. 4반 꼴찌 11점……."

현수 군이 다른 반 꼴찌들을 제칠 때마다 반에서는 환호성이 터져나왔다. 그리고 현수 군은 결국 자타가 공인하는 전교 꼴찌로 당당히 인정을 받게 되었다.

굴욕은 거기서 끝나지 않았다. 반장이라는 이유로 그 치욕스러운 점수표를 선생님께 제출하러 교무실에 가야 했다. 쉬는 시간에 교무실 수학 선생님 책상 위에 슬그머니 점수표를 올려놓는데 눈이 마주치고 말았다. 수학 선생님은 담임선생님께 큰 소

1장 왜 공부해야 하는지 알면 꼴찌들의 공부가 180도 달라진다

리로 물어보셨다.

"아니, 쌤! 현수 공부하지 말라 그랬어요?"

"왜요? 이번에 성적 잘 안 나왔어요?"

"아이고, 현수가 지금 전교 꼴찌예요."

옆에 있던 생물 선생님도 거들고 나섰다.

"어머, 현수 너 전교 꼴찌니? 생물 점수도 좀 보자. 아이고, 20점이네!"

밑바닥에 가까운 현수 군의 점수를 선생님들마다 공개적으로 확인하는 진풍경이 벌어졌다. 그때의 성적표는 차마 집에 보여 줄 수가 없어서 며칠 동안 가방에 가지고 있다가 결국 버리고 말았다. 이 사실은 나중에 의대까지 합격한 뒤에서야 부모님께 고백할 수 있었다. 지금에야 무용담이지, 당시에는 잊기 힘든 큰 상처였다.

현수 군의 공부 발화점

'고졸 백수가 될 수는 없다'는 다급함, 주어진 시간은 270일!

고등학교 시절의 막바지에 받아든 수능 성적표는 사실 본인의 실력에 비하면 그나마 양호한 편이었다. 하지만 갈 대학이 한 군데도 없는 것은 마찬가지였다. 정말 가고 싶었던 상위권 대학은 당연히 떨어졌고, 보험 삼아 원서를 넣었던 지방 대학들에서도 연락이 오지 않았다.

당시 현수 군은 근거 없는 자신감이 가득한 상태였다. 반장 경력 외에 동아리 활동도 활발히 했고 상위권은 좀처럼 시도하지 않는 밴드부까지 섭렵했으니, 이 정도 이력이면 부족한 성적을 보완하고도 남으리라는 '수시의 환상'에 젖어 있었다. 그래서 고려대, 성균관대, 한양대 등 누구나 선망하는 쟁쟁한 대학들에 겁도 없이 지원했다. 초라한 결과를 확인 후에야 자신이 현재 어떤 상태인지를 처음으로, 분명히 깨달았다.

그때 든 생각이 '큰일 났다. 고졸 백수가 됐다'였다.

남은 선택지는 재수뿐이었다. 기숙학원 입소를 앞둔 겨울방학, 부모님과 진지하게 대화를 하면서 '그래, 한번 해보자'라는 생각이 단단하게 맺혔다. 남들에게 보여주는 공부가 아닌 '내 인생을 위한 공부'에 뛰어들어야겠다는 생각이 비로소 들었다. 현수 군의 공부 발화점이 시작된 순간이었다.

지금 상황에서는 입시 전형이든 진로든 고민해봤자 아무 의미가 없었다. 미래를 설계하는 건 사치에 불과했다. 지금 필요한 것은 무조건 높은 수능 점수였다.

'내가 할 수 있는 한 최대한 잘해보자. 무조건 다 맞는 것에 도

전하자.'

　가장 단순하고도 커다란 목표 하나만 남기고 나머지 사소한 상념과 고민들은 모두 지웠다. 고등학교 입학 때 아버지 손에 이끌려 잠깐 공부했을 때 느꼈던 성취감과 희열이 되살아났다. '이제 하지 않으면 안 된다'라는 긴박함과 '어쩌면 다시 한 번 일 낼 수도 있겠다'라는 알 수 없는 자신감이 맞붙어 순식간에 불이 붙었다.

　다음 수능까지 남은 시간은 270일. 9개월이라는 짧은 시간 동안 승부를 내야만 했다. 남은 시간을 헤아리고 나니 말 그대로 1분 1초가 아깝게 느껴졌다. 이 270일이라는 시간에 미래가 모두 달려 있다고 생각하자 가슴이 뛰기 시작했다.

　현수 군의 경우 자기 자신에게로 시선을 똑바로 향했던 것이 공부 발화점에 도달한 계기였다. 알맹이는 어떻든 겉으로 보이는 이미지에만 신경을 쓰고, 그게 정말 자기 모습이라고 믿었던 고등학교 시절에는 공부 자체에 진지하게 접근하지 못했다. '성실한 반장', '공부 열심히 하는 애', '입시의 달인'. 그런 허울 좋은 이미지에 취해 자기 실력을 정확히 들여다보고 인정하지 못했다.

　졸업 후 알게 된 사실인데, 고3 내내 자리에 앉아서 열심히 공부하는 시늉을 했지만 정작 문제집 한 권을 처음부터 끝까지 완전히 푼 것이 단 하나도 없었다. 그래서 현수 군은 '앉아 있는 시간'을 신뢰하지 않는다. 오래 앉아만 있으면서 실컷 딴 짓을 하며 시간을 얼마든 보낼 수 있다는 것을 누구보다 잘 알기 때문이다. 그렇게 아까운 시간들을 흘려보낸 후, 이제 손에는 9개월 남짓한 시간이 쥐어졌다. 이 시간만큼은 남들이 아닌 나를 위해 제대로 공부해야겠다는 열망이 일어났다. 그리고 스스로와 약속한 시간을 충실히 견딘 후, 현수 군은 모두의 예상을 뒤엎고 원하던 목표를 거머쥘 수 있었다.

 현수 군의 성적 급상승 그래프 이야기

1. 공부하는 시늉이 아니라 진짜 공부를 하려면
엄친아 모범생이 되려 하지 말고, 나의 진짜 실력을 정확히 들여다보는 것부터 시작하라.

2. 성적이 낮다면 입시 전형은 무의미
성적이 제대로 나와야 진로 고민도 할 수 있다. 미래 설계나 입시 전형 고민은 나중으로 미루고 지금은 단순히 성적을 올리는 데만 집중하자.

3. 엉덩이의 힘을 맹신하지 말라
늦은 밤까지 책상 앞에 앉아 있었다고 만족하는 것은 금물. 실력으로 쌓이는 진짜 공부를 했는지 점검하라.

중3까지 야구만 하다가
수능 만점을 받은 비결

- 공부로 역전 만루 홈런을 날리다

'공부는 내 길이 아니야'에서 '공부만이 내 길이야'로

2020학년도 수능 만점자들 중에서도 손수환 군은 독특한 이력을 자랑한다. 중학생 때까지만 해도 프로 야구선수를 목표 삼아 운동에만 매진하던 경우였다. 자신의 SNS에 수능 만점을 받았다는 소식을 올렸을 때도 중학교 시절 야구부 친구들은 믿지 않았다. 서울대 합격증 사진을 보고 나서야 수환 군이 이뤄낸 놀라운 급상승을 믿을 수 있었다고 한다. 시험을 잘 본 정도가 아니라 수능 만점이라니, 야구로 말하자면 역전 만루 홈런을 친 셈이다.

수환 군이 가장 많이 받는 질문은 '운동만 하다가 뒤늦게 공부를 시작해서 어떻게 그렇게 좋은 성적을 냈을까?' 하는 것이다. 삼성 라이온즈의 유격수를 꿈꿨던 소년 손수환 군. 야구 꿈나무에서 수능 만점으로 또 한 번의 홈런을 친 그의 공부 발화점은 무엇일까.

유격수를 꿈꾸던 소년, 배트 대신 펜을 들다

수환 군이 특히 좋아하는 야구선수는 삼성 라이온즈의 내야수 김상수 선수다. 김상수 선수처럼 빠른 발로 철통 수비를 하는 멋진 내야수가 되는 게 목표였다. 사실 야구 이전에 먼저 흠뻑 빠진 대상은 축구였다. 초등학교 때는 교문을 닫을 때까지 운동장에서 매일같이 땀을 뻘뻘 흘리며 공을 찼다. 수위 아저씨들 사이에서도 수환 군은 유명할 정도였다. 그러다 초등학교 고학년이 되어 친구들과 함께 야구를 하면서 야구의 재미를 처음 느꼈다. 야구선수가 아니면 안 되겠다는 생각이 들어 부모님을 설득했고 결국 중학교에 입학하면서 야구부에 들어갔다.

하얀색 멋진 유니폼을 입고서 경기를 뛰고 시합에 나가는 것이

그렇게 짜릿할 수가 없었다. 야구선수가 되어서 이 유니폼을 계속 입고 이 즐거움을 언제까지나 누리고 싶다는 마음이 들었다.

여러 포지션을 두루 거쳤는데 저마다 매력이 달랐다. 투수 포지션에서 공을 시원하게 던질 때도, 수비가 되어 날아오는 타구를 막아낼 때도, 타석에 들어서서 상태 투수의 공을 쳐낼 때도…… 어느 한순간 행복하지 않을 때가 없었다. 그중에서도 수환 군은 수비를 최고로 잘하는 유격수가 되고 싶었다. 고졸 신인으로 삼성 라이온즈에 들어가서 활약하다가 나중에는 MLB에 포스팅되어 메이저리그도 한번 밟아보자. 소년 야구선수의 꿈이었다.

수환 군은 곧 선수반에 들어가 코치님과 감독님 밑에서 훈련을 시작했다. 이제부터 공부는 접고 프로 야구선수를 목표 삼아 운동에만 매진하겠다는 의미였다. 그야말로 하루 종일 야구에 매달리는 날들이 시작되었다. 하교 후 6시부터 시작된 훈련은 밤 10까지 이어졌다. 연습 욕심이 많았던 수환 군은 토요일에도 아침 9시부터 오후 6시까지 운동을 계속했다. 피로를 이기지 못해 학교 수업 시간에는 엎드려 잠을 자기 일쑤였다.

진로에 대한 진지한 이야기를 먼저 꺼낸 것은 부모님이었다. 아이가 야구를 얼마나 좋아하는지는 잘 알고 있었다. 야구부 안에서 실력이 꽤 좋은 것도 사실이었다. 하지만 다른 학교의 야구부와만 비교해도 월등히 뛰어나다고 자신할 수가 없었다. 중학교 때 야구 좀 했다는 정도로 평생의 진로를 결정한다는 건 너무 무모하다는 판단이 들었다. 운동을 지속하는 데 필요한 경제적인 부분도 고려해야 했다. 운동계의 고질적인 비리 문제도 미래를 고민하는 데 한몫했다.

어렸을 때부터 아들이 뭘 하든 응원해주었던 부모님은 평생 처음으로 아이의 인생에 개입하기로 했다. 타이밍을 재다가 너무 늦으면 원래의 궤도를 찾아가기가 힘들어질 것 같아, 2학년 겨울방학 때 어렵사리 이야기를 꺼냈다. 이후로 한동안 수환 군은 생각이 많았다. 그리고 3학년 새 학기가 시작될 무렵 그토록 좋아하던 야구를 그만두기로 결심했다. 남들이 한참 공부에 매진하던 그 시기에 수환 군은 이제 처음 공부의 길로 들어서기로 마음먹었다.

야구의 타율처럼 성적이 오르기 시작하다

모든 열정을 쏟아 부었던 일을 하루아침에 포기하기란 쉽지 않았다. 앞으로 가야 할 길이 지금까지 걸어왔던 길과 전혀 다른 방향이기에 더욱 그랬다. 매일 가던 야구 연습장 대신 이제부터는 책상 앞에 앉아 책을 펴들어야 했다.

수환 군은 그때의 경험을 하나의 '실패'로 여긴다. '한 번 실패를 경험했으니까 앞으로 주어진 공부라는 길에서는 실패하지 말아야겠다'라고 생각했다. 뒤를 돌아볼 시간은 없었다. 다른 친구들은 이미 저만치 앞서 달려가고 있었다.

하지만 걱정부터 앞세우지는 않기로 했다. 경기의 최종 결과를 미리 걱정한다고 해서 야구의 승패가 달라지지는 않는다. 지금 던진 공 하나로 경기 결과는 얼마든지 뒤바뀔 수 있다. 공부도 마찬가지여서, 뒤늦게 뛰어들었지만 앞으로 남은 시간 동안 최선을 다한다면 미래는 달라질 수 있다고 믿었다.

그렇게 수환 군은 눈앞에 해결해야 할 공부에 집중했다. 지금 내가 잘하고 있는가, 내 위치는 어느 정도 되는가 고민하는 시간에 그저 책을 펼쳤다. 매일 지쳐 떨어질 때까지 야구 연습을 했던 것처럼 공부도 그렇게 무섭게 집중했다. 연습하면 타율이 올라가듯 성적이 서서히 오르기 시작했다. 3학년 1학기부터 2학기까지 네 번의 중간고사와 기말고사를 거치는 동안 성적은 한 번도 떨어지지 않고 차곡차곡 올랐다. 반에서 그런 기록을 세운 사람은 혼자였기에 선생님으로부터 특별히 '칭찬상'을 받기도 했다. 그렇게 1년 남짓한 시간 후, 고등학교 1학년 중간고사 때는 반에서 1등이 되어 모두를 놀라게 했다. 제일 놀란 건 수환 군 자신이었다.

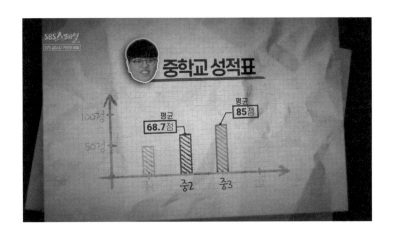

수환 군의 공부 발화점

"저 지금부터
공부해도 될까요?"

수환 군이 공부에 무섭게 뛰어들기까지는 중학교 3학년 담임선생님의 조언이 중요한 역할을 했다. 새 학기가 시작된 3월, 선생님과 처음 이야기를 나누었을 때 수환 군은 이렇게 물었다.

"저 지금부터 공부해도 될까요? 너무 늦은 거 같은데⋯⋯ 괜찮을까요?"

당시 수환 군은 아직 야구부에 몸담고 있었고, 주장까지 맡아서 훈련을 계속하던 상태였다. 진지하게 야구를 하던 친구라는 걸 알았기에 선생님은 신중히 말을 꺼냈다.

"마음만 먹으면 충분히 할 수 있지. 공부할 때 체력이 정말 중요한데 너는 일단 체력이 충분하잖아. 예전에 선생님이 맡았던 친구들 이야기를 해줄게. 그때 한 반에 40명이었는데 37등 하던 친구가 있었어. 고등학교 올라가서 마음먹고 공부하더니 전교 7등까지 올라가더라. 38등이었던 친구는 어땠는 줄 알아? 특성화고를, 그것도 전교 꼴찌로 들어갔는데 결국 전교 1등으로 졸업했다. 포기하지 않으면 너도 그럴 수 있어."

그때까지 갈피를 잡지 못하던 마음에 서서히 중심이 잡혔다. 그 무렵 읽었던 책 한 권도 수환 군의 결심을 한층 굳게 만들어주었다. 야구선수 출신으로 공부를 시작해 결국 사시에 합격한 사람의 이야기였다. '내가 할 수 있을까?'라는 의구심이 '할 수 있겠다, 해보자'라는 결심으로 바뀐 순간 수환 군의 공부 발화점이 시작되었다.

누군가의 조언을 있는 그대로 받아들인 것부터가 수환 군이 최고의 성과를 거둘 수 있었던 첫걸음이라고 선생님은 말한다. 머리가 훌쩍 큰 사춘기이니만큼 선생님의 이야기를 삐딱하게 받아들일 수도 있는 일이었다. '그건 그 사람이 특별해서 그런 거지. 나도 그렇게 된다는 보장이 어디 있어.' 이렇게 맞받아치는 경우도 아마 적지 않을 것이다. 하지만 수환 군은 선생님의 이야기를 자신에게 꼭 필요한 조언으로 흡수했고, 또한 우직하게 소화하여 실천으로 옮겼다. 어쩌면 그것이 수환 군의 가장 뛰어난 능력이었을지도 모른다.

수환 군은 야구를 연습하면서 타율을 차근히 올리는 방법을 몸으로 알고 있었다. 지나간 타율은 새로운 타율을 만들기 위한 기록일 뿐이다. 한 번 오르기 시작한 공부 타율은 꺾이는 법 없이 계속해서 상승하기 시작했다.

2019년 11월, 수능 만점 받던 날의 풍경

2019년 11월 14일, 수능 당일. 수환 군은 새벽 6시가 채 되지 않은 아직 어두운 시간에 일어났다. 선배들은 수능 전날 잠을 설치는 경우가 많다고 하던데 그래도 잠은 잘 잔 것 같다. 어떤 문제 유형이 나오면 어떻게 대처해야 하는지 차분히 시뮬레이션하면서 잠을 청한 덕분인 듯하다. 아침으로 엄마가 차려주신 뭇국을 간단히 먹고 어제 싸둔 가방을 챙겨 들고서 떨리는 마음으로 집을 나섰다.

시험장에 도착하니 7시 정도. 평소 가장 자신 없는 과목이 국어였기에, 인강 사이트에서 미리 다운받아 둔 국어 예열 지문 두

개를 풀어보았다. 시험 시작 직전에 딱 맞게 문제를 다 풀었다. 예감이 좋았다. 두근거리던 마음은 막상 시험지를 받아드니 차분하게 가라앉았다. '너무 떨려서 지문이 안 읽히면 어쩌지?' 하고 걱정했는데, 평소에 모의고사를 보는 느낌과 크게 다르지 않았다. 12번 문법 문제에서 주저했지만 고민 끝에 풀어내고 검토까지 마쳤다. 그렇게 가장 걱정이던 국어 영역을 무사히 마치고 나니 다른 과목들은 상대적으로 수월했다.

수능이 모두 끝나갈 시점이 되자 좋은 예감은 확신으로 변했다. 마중 나온 부모님과 함께 집으로 향하면서 '빨리 가서 채점해보고 싶다'는 생각이 들었다. 마지막 사회문화 과목까지 채점을 마친 후 점수가 적힌 종이를 들고 부모님께 보여드렸다.

"어? 이게 뭔데?"

"내 점수야. 만점 받았어!"

가채점 결과 잠실고등학교에서 수능 만점이 나왔다는 소문이 인근 중고등학교에 빠르게 퍼졌다. 중3 때 담임선생님은 동료 교사에게서 그 소문을 듣고는 대뜸 이렇게 물었다.

"혹시 손수환 아닌가요?"

"글쎄…… 이름은 잘 모르겠는데 문과생이라 그러던데요?"

선생님은 속으로 '수환이구나.' 하고 직감했다. 고등학교에 진학한 후 수환 군이 친구와 찾아왔을 때가 떠올랐다. 당시 수환 군은 전교 1, 2등을 하고 있다고 말했다.

"선생님, 수환이는요 점심시간에 줄 서는 시간이 아까워서 책 보고 있어요."

친구의 말에 선생님은 이렇게 장난스레 대꾸했다.

"아이고, 그럼 안 되지. 세상에서 밥이 제일 중요한 건데 밥은 맛있게 먹어야지."

"네, 밥은 맛있게 먹고 있어요. 근데 1학년 급식 줄이 제일 길어서요."

그렇게 멋쩍게 웃던 얼굴이 떠올랐다. 소문의 수능 만점자가 꼭 수환이었으면 좋겠다고 생각했다. 수능 성적표가 정식으로 나오고 수환 군에게서 기다리던 연락이 왔을 때 선생님은 자기 일처럼 기뻐해주었다.

올해 중학교 3학년 담임을 맡은 선생님은 반 아이들에게 이런 이야기를 들려준다.

"너희들, 이번 수능 만점자가 우리 중학교 출신인 거 아니?"

"우와, 정말요?"

"그럼, 쌤 반이었어."

"오~ 그 선배 공부 엄청 잘했죠?"

"처음 만났을 때는 그렇지 않았어. 선생님이 오늘 그 선배 만날 건데, 너희도 어떻게 공부했는지 직접 이야기 듣고 싶니?"

"네~"

야구를 그만두고 공부의 길목에서 망설일 때 선생님이 다른 선배들의 이야기를 들려주었듯, 이제는 수환 군이 그런 멋진 선배가 되어 후배들에게 자신의 이야기를 들려주고 있다.

 수환 군의 성적 급상승 그래프 이야기

1. 달려가던 길을 더 이상 갈 수 없다면?

인생은 선택의 연속이다. 가던 길에서 벗어나 새로운 길 찾기를 두려워 말자.

2. '내가 할 수 있을까' 의심된다면 일단 해보라

성적을 역전했다는 남들 이야기는 얼마든 내 이야기가 될 수 있다. 지레 포기하지 말자.

3. 너무 떨려서 수능 시험 망칠까 걱정된다고?

충분히 연습했다면 수능 시험이 끝날 무렵에는 기분 좋은 예감에 웃게 될 것이다.

내신 7등급 게임 만렙에서
연대생으로 변신

- 게임을 잘한다면 공부도 충분히 잘할 수 있다

롤 게임과 수학 공부의 상관관계

롤(League of Legends, 리그 오브 레전드. 미국에서 개발된 온라인 대전게임) 2,000판의 위엄, 32승 7패로 자타가 공인하는 게임 만렙 학생이 있다. 롤 2,000판을 날짜로 계산하면 대략 78일로, 밤에 잠자는 시간까지 따지면 약 150일 정도를 하루도 빠짐없이 게임만 한 셈이다. 게임 중독에 빠져도 한참 빠진, 공부와는 절대 인연이 없을 것 같은 이 이야기의 주인공은 누굴까? 바로 연세대학교 산업공학과 왕경업 군이다.

경업 군의 중학교 때 성적은 전교 400명 중에서 300등이었다. PC방을 제 집처럼 들락거리던 경업 군은 무슨 바람이 들었는지 중3 때 뒤늦게 공부를 시작했다. 모의고사 수학 성적이 6, 7등급이었던 실력이 1년 9개월 만에 1등급에 도달했다. 수학만큼은 자신 있다는 '수학 마스터'의 반열에 올랐고 수학 특기자급 성적으로 연세대에 합격했다.

게임 만렙 경업 군은 어떻게 공부를 시작하게 되었을까? 바닥이었던 수학을 정복하고 1등급의 상승 곡선을 찍은 비결은 무엇일까? 게임의 유혹보다 더 강렬한 공부의 발화점은 어떻게 시작되었을까?

유일한 인생의 낙, 게임에 빠지다

경업 군은 현재 이십대 후반이다. 경업 군이 중학생이던 시절에는 성적표가 '수우미양가'로 표시됐다. 제일 좋은 점수가 '수', 제일 낮은 점수가 '가'였는데 수학 과목은 늘 '가'였다. 다른 과목도 별반 다르지 않아서 '우' 이상을 찾아보기 힘들었다. 그나마 운동신경이 좋아서 체육 과목만 성적이 좋았을 뿐이다.

아홉 살 때까지는 대구에서 살았다. 꽤 유복한 환경이었지만

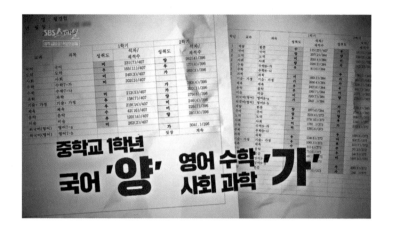

아버지가 도박에 빠지면서 아버지만 남겨두고 온 가족이 서울로 상경했다. 처음 1년은 학교를 거의 다니지 못했고 그 후로도 전학을 네다섯 번 가야 했다. 학습의 맥이 끊기면서 자연스럽게 공부와 멀어졌다.

집안에서 일하는 사람은 어머니 한 분뿐이라 할머니가 수환 군과 동생을 돌봐주셨다. 학원을 갈 여력은 안 되고 할머니가 공부를 직접 봐줄 수도 없는 노릇이었다. 가느다랗게나마 경업 군을 공부와 연결시켜준 끈은 수학 연산 학습지가 유일했다. 일주일에 한 번씩 학습지 선생님이 오셔서 지난 일주일 동안 푼 문제집 검사를 했는데, 이때 숙제를 제대로 못했다는 소리가 들리면 그날은 엄마한테 매 맞는 날이었다. 그게 무서워서 일주일 동안 펀펀히 놀다가도 선생님 오시기 두 시간 전부터는 숙제에 돌입

　　　　　1장 왜 공부해야 하는지 알면 꼴찌들의 공부가 180도 달라진다

했다. 다 마치지 못한 경우에는 "선생님, 저 배가 갑자기 아파서 화장실 좀 다녀올게요"라며 화장실에 숨어서 못다 한 숙제를 허겁지겁 마쳤다.

그때 집에 구형 컴퓨터 한 대가 있었다. 정부가 저소득 가정에 지원해주는 컴퓨터였다. 아홉 살 때부터 그 컴퓨터로 '메이플 스토리'라는 게임을 시작해 이후로 온갖 다양한 게임을 섭렵했다. 중학교에 입학한 후 게임 중독은 한층 심해졌다. 방학 때는 PC방이 문을 여는 아침 9시부터 친구들과 들이닥쳐서 밤 10시에 문을 닫을 때까지 계속 앉아 게임만 했다. 워낙에 게임 실력이 뛰어나다 보니 게임비는 잘 사는 친구들이 매일 대주다시피 했다. 그리고 집에 돌아와서도 또 게임을 할 정도니 그야말로 대단한 게임 중독이었다.

경업 군의 공부 발화점
아무것도 할 줄 모르는 사람으로 산다는 두려움

중학교 3학년, 고등학교 진학을 고민할 무렵에 처음으로 '공부'라는 단어가 머릿속에 들어왔다. 당시 경업 군의 꿈은 가수가 되는 것이었다. 그런데 예술고등학교 실용음악과를 알아보니 자신의 내신 성적으로는 지원 자체가 불가능했다. 노래만 잘 부르면 되지 내신 성적은 중요치 않을 거라 막연히 생각했다가, 처음으로 사회의 큰 벽을 만난 기분이었다. 공부를 못한다는 사실에서 오는 좌절감도 그때 처음 느꼈다.

안 좋은 일은 연달아 일어났다. 집안에 경제적으로 큰 문제가 다시 한 번 불거졌고, 당시 사귀던 여자친구와도 헤어졌다. 어린 마음이지만 뭔가 강렬한 자각이 깊은 곳에서 일어났다.

'이렇게 살다가…… 내 인생 큰일 나는 거 아닐까?'

경업 군은 서울로 도망치듯 올라왔던 아홉 살의 풍경을 잊지 못한다. 부분적 기억상실이 일어나서 아홉 살 이전의 기억은 모두 지워졌는데, 신기하게도 그날 여인숙에서 맞이한 낯설고도 두려웠던 느낌은 생생하다. 그것은, 가진 것이 없다면 하루아침에 삶이 끝날 수도 있다는 '생존의 위협'이었다. 어린아이가 압도되었던 그

무겁고 쓸쓸한 감정, 본능적인 감각이 되살아났다. 그날의 기억과 감정이 경업 군에게는 거부할 수 없는 공부 발화점이 되었다.

얼마 후 고등학교 입학 모의고사를 치렀다. 지금껏 공부를 제대로 해본 적 없는 경업 군의 성적은 죄다 30점, 40점이었다. 모의고사 결과 일정 등급 이상이 되어야 야자실에서 공부를 할 수 있었는데 경업 군은 당연히 그 기준에 들지 못했다. 야자실에 가지 못하는 학생들은 난방도 되지 않는 시청각실에서 공부를 해야 했다. 찬바람이 솔솔 새어 들어오는 교실에는 제대로 된 책상과 의자 대신 교회에서 사용하는 기다란 장의자가 줄줄이 놓여 있었다. 의자 등 뒤에 달린 한 뼘 남짓한 받침대는 교과서 한 권을 올려놓기도 힘들었다.

선생님들의 보이지 않는 차별도 마음을 서늘하게 만들었다. 학교에서 진학 상담이 시작된 후 하루라도 빨리 공부의 방법을 알고 싶다는 생각에 차례를 기다리는데, 경업 군의 순서는 좀처럼 오지 않았다. 알고 보니 상담도 성적순이어서 한참을 기다려야만 했다.

이미 공부 발화점이 시작된 경업 군의 마음이 다시 한 번 들썩였다. 이제 내가 어찌해볼 수 있는 것은 오로지 공부뿐이라는 승부욕이 타올랐다.

'너는 뭘 잘하니? 할 줄 아는 게 뭐니? 앞으로 아무것도 할 줄 모르는 사람으로 살면 어떨 것 같니?'

스스로에게 질문을 던질수록 답은 또렷해졌다.

나의 경쟁 상대는 남도 나 자신도 아닌, 수학 문제 하나

공부의 방법을 전혀 모르던 경업 군이 가장 먼저 실천한 한 가지
는 수업 시간에 맨 앞자리를 고수하는 것이었다. 수업을 최대한
집중해서 들었고 최대한 열심히 받아 적었다. 어렴풋한 감으로
그래야 내신이 오르리라는 것을 알 수 있었다.

공부 자체가 막막하긴 했지만 그래도 가장 흥미가 이는 과목
은 수학이었다. 어릴 때 엄마에게 혼날까 봐 급하게 연산 문제를
풀던 가닥이 있어서 계산 속도만큼은 빨랐고 암산도 자신 있었
다. 그래서 첫 학기에는 거의 모든 시간을 수학에 할애했다. 수학
에 빠져든 가장 큰 동기는 무엇보다 승부욕이었다. '내가 이 문
제한테 질 수 없지'라는 심정으로 머리를 말 그대로 쥐어뜯으며
문제와 씨름했다.

경업 군은 자신에게 공부 DNA는 없다고 말한다. 특히 암기를
싫어해서 수학도 공식을 외우는 데 거부감이 들었다. 그럴 때는
한 문제의 증명을 내리 다섯 번씩 반복했다. 그러면 공식이 저절
로 외워질 수밖에 없었다.

여름방학이 끝나고 2학기에 들어서면서 6~7등급이던 성적은
5등급, 4등급으로 점차 오르기 시작했다. 특히 수학은 2등급으
로 빠르게 상위권에 안착했다. 경업 군에게 어려운 수학 문제를

물어보는 친구들도 하나둘 생기기 시작했다. 과학고를 준비했다던 아이가 수학 문제를 들고 왔을 때는 '혹시 나를 시험하려는 거 아니야?' 하는 의심마저 들었다. 얼마 전까지 하위권이던 경업 군이 수학 2등급이라는 사실을 못 미더워하는 눈치였다. 어떻게든 실력을 증명하기 위해 그 어려운 수학 문제에 몇 시간을 매달려 마침내 친구 앞에서 풀어냈다. 승부욕 강한 경업 군에게는 그만큼 짜릿한 일이 또 없었다.

그렇게 공부하는 시간이 점차 늘어났다. 공부를 잘했던 친구들이 하나둘 자기 뒤로 밀려날 때마다 '어, 쟤가 나보다 못한다고?', '어라, 이제 멀지 않았잖아.' 하는 기분 좋은 놀라움이 이어졌다.

성적이 낮아 야자실 배정도 받지 못했던 일은 모두 과거가 되었다. 이제는 야자실 VIP석을 따로 받는 일도 생겼다. 선생님과 친구들의 태도도 180도 변했다. 경업 군의 성장 가능성을 인정해주고 응원해주었다. 성적이 한층 더 급상승한 고3 때는 공부 욕심이 하늘을 찌를 정도로 커졌다.

내신 등급이 상승하고 수학은 거의 특기자급으로 좋은 성적이 이어진 결과 경업 군은 꿈꾸던 연세대학교에 수시로 합격할 수 있었다.

게임의 퀘스트를 깨듯 공부의 재미를 알아나가다

게임의 종류는 수백, 수천 가지다. 총을 쏘는 슈팅 게임도 있고 여럿이 대전하는 롤 같은 게임도 있다. 그런데 게임 세계에서는 한 가지 진리가 있다. 게임이 도대체 뭐가 재미있는지 모르겠다고 말하는 경우는 하나같이 게임을 잘 모르는 사람들이라는 사실이다.

반대로 게임에 빠진 사람들은 게임에 대한 이해도가 매우 높다. 하나의 게임을 마스터하려면 적을 공격하는 방법, 무기와 아이템 사용법 등 알아야 할 것이 거의 백과사전 수준이다. 그래서 사람들은 좋아하는 게임을 즐기기 위해 많은 시간을 투자해 공략집을 서로 나누고 기술을 연마한다.

경업 군의 경우 공부도 마찬가지였다. 게임의 퀘스트를 돌파하듯 수학 문제도 하나씩 풀어나갔다. 한 문제, 두 문제씩 차례로 내 것으로 만드는 과정이 게임의 단계를 클리어하는 느낌과도 같았다. 도저히 풀리지 않을 것 같던 퀘스트를 이런저런 방법을 동원해 공략한 끝에 마침내 정복했을 때의 쾌감은 신기하리만큼 공부에도 그대로 적용되었다.

특히 수학이 그랬다. 분명 아무것도 모르던 상태였는데 수학 인강을 하나 듣고 그 부분을 집중적으로 공부하고 나면 이제는 한 문제를 풀 수 있는 상태가 되었다. 그 작은 성장이 경업 군에게는 조금씩 더 앞으로 나아가게 만드는 원동력이 되었다. 공부라는 대상을 조금씩 알아나갈수록 더 해보고 싶고, 더 알고 싶어졌다.

게임 만렙 경업 군이 수학의 마스터로 거듭난 것은 우연이 아니다. 어릴 때 가슴에 새겨진 상처와 눈앞에 닥친 위기감을 단단히 뭉쳐서 공부에 대한 승부욕의 연료로 삼았기에 가능한 일이었다.

 경업 군의 성적 급상승 그래프 이야기

1. 위기는 핑계가 될 수도, 원동력이 될 수도 있다
'나 이제 큰일 났다' 라는 위기감이 든다면 공부를 시작할 절호의 시기다.

2. 공부도 게임처럼 단계별로 클리어하자
일단은 조금이라도 아는 부분이나 과목을 베이스 삼아서 점차 영역을 넓혀 나가는 방법이 공부의 의욕을 불러일으킨다.

3. '작은 성공' 을 무시하지 말자
작은 성취감이 쌓이면 실력으로 이어진다. 문제를 내 것으로 만드는 과정을 즐기자.

피겨 꿈나무에서
서울대 합격

- 인생의 목표를 수정할 타이밍을 만났을 때

꿈 넘어 꿈, 지치지 않는 열정의 비결

놀이터에서 한창 뛰어놀 일곱 살 때부터 스케이트 연습을
시작해 10년이 넘도록 피겨스케이트의 꿈을 키운 학생이
있다. 뛰어난 재능을 인정받으며 '김연아 키즈'로 성장했지
만 어느 순간 벽에 부딪히고 새로운 진로를 모색한다.

시작은 전교 300등. 고등학교를 그만두고 싶다며 펑펑 울기도 했던 김예은 양은 빙판 위에서 스스로를 단련했듯 서서히 자신만의 공부 발화점에 도달하는 방법을 터득했다. '스케이트 훈련과 공부 중 뭐가 더 힘드냐'는 질문에 예은 양은 답을 선뜻 고르지 못한다. 두 가지 분야 모두 최고의 성취를 끌어내기까지 수없이 넘어지고 부딪혀야 하는 것은 마찬가지기 때문이다.

체육교육과를 목표로 정한 뒤로 다른 길은 생각하지 않았다. 실기와 공부 두 가지를 모두 악착같이 해낸 끝에 수능 전 과목에서 단 세 문제만을 틀리는 놀라운 성적을 거두었다. 서울대학교 체육교육과에 수석으로 입학한 후 지금은 비인기 종목의 선수들을 돕는 스포츠 법률가가 될 준비를 하고 있다.

어릴 때부터 의심 없이 붙들었던 하나의 꿈을 접은 뒤 또 다른 꿈에 뛰어들고, 계속하여 새로운 목표를 설정하는 예은 양. 그 지치지 않는 열정은 어디에서 오는 것일까? 꿈과 목표가 없어 좌절하는 세대 속에서, 예은 양은 어떻게 매 순간 새로운 꿈을 품고 키워냈을까?

김연아를 꿈꾸던 꼬마 유망주

일곱 살 때 처음 피겨스케이팅을 시작했다. 어려서 선수 생활을 시작하다 보니 학교 수업은 등한시할 수밖에 없었다. 2교시가 끝나면 어김없이 신데렐라처럼 학교를 빠져나와 빙상장에서 밤

12시가 되도록 훈련을 했다. 외국에서 전지훈련을 할 때는 장기간 학교를 빠지는 것도 예사였다. 예은 양은 전국에서 20명 안에 손꼽히는 피겨 유망주였다. 롤모델은 당연히 김연아 선수였다. 한 번도 의심하지 않은 꿈이었고, 언젠가는 이루어지리라 믿었다.

그런데 개인 종목을 계속하는 것이 어느 순간 한계에 부딪혔다. 가장 부담스러운 문제는 비용이었다. 싱글 스케이팅의 경우 기술의 종류에 따라 여러 가지 레슨을 각각 받아야 했다. 스핀을 전문으로 하는 선생님, 안무 선생님, 점프 담당 선생님, 지상에서 근력 운동을 지도해주는 선생님 등 여러 명의 선생님에게 따로 레슨비를 지급해야 한다. 뿐만 아니었다. 스케이트도 자주 바꿔야 하고, 안무가 바뀔 때마다 의상도 매번 맞춰야 했다. 외국에서 하는 전지훈련 비용도 무시할 수 없었다.

또 한 가지 문제는 선수층이 넓어지면서 시간이 지날수록 선수들이 많아졌고 그 사이에서 극심한 경쟁에 시달려야 한다는 사실이었다. 결국 김연아 선수 같은 국가대표가 되겠다는 꿈을 접고 종목을 전환하기로 했다. 중학교 2학년 때부터는 '싱크로나이즈드 스케이팅'이라는 단체 종목으로 바꿔 선수 생활을 이어갔다.

개인 연습을 할 때에 비해 팀 연습은 한결 여유로웠다. 팀원들끼리 시간을 맞춰 일주일에 두세 번 정도 만나 연습을 하게 되니

자연히 비용이 절약되고 개인 시간도 많아졌다. 그때만 해도 공부를 진지하게 여기지는 않았다. 지금껏 누리지 못했던 학창시절이 그저 반가울 따름이었다. 1교시부터 마지막 교시까지 수업을 빠짐없이 듣고, 친구들과 조잘거리며 하교를 하고, 같이 놀러 가기도 하는 평범한 일상을 만끽했다.

인생에서 두 번째 큰 벽에 맞닥뜨린 것은 고등학교 입학 후였다. 싱글 스케이팅을 포기했을 때보다도 더 큰 좌절을 맛본 시간이었다.

빙판을 벗어나 마주한 성적, 전교 300등

초등학교 시절 예은 양에게 공부란 주로 이동하는 자동차 안에서 틈틈이 하는 것이었다. 나중에 상황이 달라질 수도 있으니 조금이라도 공부는 해두어야 한다는 부모님의 권유에 따라, 바쁜 스케줄 중간중간 차 안에서 문제집을 풀거나 영어 테이프를 듣곤 했다. 예은 양이 입학한 중학교는 학구열이 높지 않은 곳이라 적당히 친구들을 따라만 해도 중상위권은 될 수 있었다. 그런 수박 겉핥기식 공부만으로 '공부가 그리 어려울 것도 없다'는 생각에 겁도 없이 자사고에 진학했다.

그런데 공부 좀 한다는 친구들이 모인 자사고에서 치른 첫 시험 결과, 하위권으로 뚝 떨어진 성적표를 받았다. 전체 400명 중에 까마득히 아래인 300등이었다. 특히 수학 성적이 가장 심각했다. 충격을 받고서 나름대로 공부를 해보았지만 성적은 도무지 오를 기미가 보이지 않았다. 2학기 중간고사와 기말고사까지도 등수가 움직이지 않자 쌓였던 스트레스와 서러움이 폭발하고 말았다.

기숙사에서 엄마한테 전화를 걸어 울며불며 하소연을 했다.

"엄마, 나 너무 힘들어. 그냥 전학 가거나 차라리 재수학원에 들어가는 게 낫겠어. 아무리 공부를 하면 뭐해. 여기 애들이 너무 잘해서 뭘 어떻게 해볼 수가 없는데. 학교 그만 둘래."

딸의 폭탄선언에 놀란 어머니는 예은 양을 집으로 불렀다.

"예은아, 네 생각은 잘 알았어. 그런데 어차피 1학년이 거의 끝나가고 이제 곧 방학이잖아. 이번 겨울방학 한 번만 보내보고, 그래도 안 되겠다 싶으면 예은이 뜻대로 하자."

내 앞의 한걸음 한걸음에 집중하다

그렇게 2학년을 맞아 학교로 돌아가면서 예은 양의 시선에 변화가 생겼다. 저 멀리 내달리는 친구들을 바라보는 것이 아니라, 지금 여기에서 내가 할 수 있는 작은 목표에 집중하기로 했다. 그래서 대학보다도 먼저 과를 생각했다. 10여 년간 피겨스케이팅에 노력과 애정을 쏟았으니 이 분야와 연결고리가 있는 체육교육학과가 가장 먼저 떠올랐다. 다음으로 전교 100등 안에 들어, 상위권 학생들을 대상으로 하는 학교 심화반에 들어가는 것을 목표로 설정했다. 심화반에 들어간다면 자신이 만들어낸 노력의 결과를 직접 체감할 수 있을 듯했다. 역시 마냥 터무니없는 목표는 아니었다.

공부를 해나가는 방식도 마찬가지라 생각했다. 가장 골칫거리였던 수학의 경우 친구들은 높은 레벨의 심화 문제집을 풀었지만 일단 내가 당장 풀 수 있는 문제부터 시작하자고 마음먹었다. 1학년 때는 서점에 가서 수학 문제집을 종류별로 네 권씩 사온 적도 있었다. 하지만 어느 하나 제대로 끝마치지 못했다. 이번에는 자기 수준에 맞는 기본 문제집, 딱 한 권부터 시작하기로 했다. 문제 하나를 풀고 알겠다 싶으면 그다음 문제로 나갔다. 쉬운 문제집 한 권을 끝내면 난이도를 조금 올려 그다음 단계 문제집을 시작했다. 그렇게 한걸음 한걸음 걷다 보니 고3 때는 어느새 수학 100점이라는 성적에 도달해 있었다.

'사실 점수라는 건 누구나 100점을 넘을 수가 없다. 내가 아무리 준비를 많이 하고 제일 높은 점수를 받는다 해도 100점이다. 모두에게 똑같이 주어진 그 거리 안에서 날마다 조금씩 나아가는 게 중요하지 않을까.'

예은 양의 공부 발화점은 천지가 개벽하듯 한순간에 벼락처럼 시작되지 않았다. 시선을 한 뼘 돌리고 내 앞의 한 발자국 한 발자국에 집중할 때마다 서서히 공부의 온도가 상승하고 발화점에 다가설 수 있었다.

누구든 취약한 부분은 있다, 고난이도 점프에 성공하려면

한창 피겨스케이트를 타던 시절, 예은 양이 제일 좋아하는 기술은 '스핀'이었다. 그중에서도 다리를 뒤로 들고 도는 우아한 '비엘만' 동작이 가장 자신 있었다. 반면에 겁이 많아서 점프는 취약했다. 공부를 시작한 후 예은 양에게 피겨의 점프와도 같은 과목이 바로 수학이었다. 어떤 영역에서나 자신 있는 부분과 힘든 부분은 공존하는 법이다. 만약 취약한 기술이나 과목이 있다면 당장 손댈 수 있는 작은 부분부터 교정을 해나가야 한다. 지난한

훈련 없이 단번에 고난이도 점프에 성공하는 피겨 선수는 없으니 말이다.

한 단계가 무사히 마무리되면 그다음 단계의 과정이 눈에 보인다. 이미 벌어진 실수를 빠르게 인정하는 것이 예은 양에게는 어렵지 않았다. 지나간 실수는 떠나보내고 다시 제자리에서 마음을 정비한 후 그다음 기술을 선보이는 것이 더 큰 손해를 방지한다.

예은 양은 남들에 비해 화려한 선수 경력을 가지고 있지 않다고 스스로 생각했다. 체육 분야에서 일하고는 싶은데 미흡한 경력을 넘어설 자신만의 강점이 무엇일지 고민했고 '공부를 해보자'는 결론에 도달했다. 처음에는 체육교육학과라는 과를 정했고 이후 목표가 서울대로 한층 명확해진 다음부터는 이를 더 악물었다. 특기자 전형이 아닌 일반 전형으로 입시를 준비했기에, 성적과 실기 어느 하나 소홀히 할 수 없었다. 평일에는 공부에 매진했고 주말에는 체대 입시 주말반에 등록해서 운동을 했다. 첫 수능시험에서 조금 모자란 점수를 받자 망설임 없이 재수를 택했다. 만약 또 떨어졌더라면 삼수를 해서라도 서울대 체육교육학과에 다시 한 번 도전했을 것이라고 예은 양은 말한다.

예은 양의 목표는 매순간 거대하지는 않았지만 충분히 단단했다. 또한 체계적으로 연결된 단계별 목표가 충분히 뒷받침되었다. 현재는 로스쿨이라는, 지금껏 한 번도 가보지 못했던 목표에 도전하는 중이다. 비인기 종목 선수들을 돕는 법률가가 되어 선수들이 온전히 경기에만 집중할 수 있게끔 권익을 보호하는 역할을 하고자 한다.

꼬마 피겨 선수에서 서울대 수석 입학, 그리고 스포츠 법률가까지. 새로운 성취를 향한 예은 양의 배움의 발화점은 지금도 계속 환하게 지속되고 있다.

 예은 양의 성적 급상승 그래프 이야기

1. 의심치 않던 진로를 변경해야 할 때
모양은 서로 다를지라도 하나의 길은 또 다른 길과 연결된다. 내 목표의 접합 부분을 살펴라.

2. 자신 없는 종목이 발목을 잡는다면
당장 손댈 수 있는 작은 부분부터 수정하라. 전체적인 기량 향상은 그 다음이다.

3. 성적이 낮을수록 비교는 금물
전교 등수나 반 등수 때문에 조급해하는 마음은 자칫 자포자기로 이어질 수 있다. 최대한 시야를 좁혀 내 앞의 한 단계에만 집중하자. 성적은 어느 순간 따라올 것이다.

우울증과 난독증을 이기고 서울대에 합격하다

- 1년을 휴학하고 나서 공부 마음을 먹다

갑자기 멈춰버린 일상에서 공부의 의미를 배우다

순탄하게 잘 달려가던 인생이 어느 날 예고도 없이 갑자기 멈추어버린다면 어떤 기분일까? 공부 욕심 많던 열일곱 살 이은지 양에게 바로 그런 일이 일어났다. 학자가 꿈이던 은지 양은 불과 한 달 사이, 어떤 글도 이해할 수 없는 난독증

의 늪에 빠졌다. 단순한 두 줄짜리 문장도 마치 처음 보는 암호
문처럼 느껴졌다.

갈 길이 바쁘다며 하루하루 조급해하던 일상은 그 후로 1년간
완전히 멈추어 섰다. 그 시간 동안 은지 양은 공부의 의미를 생
각했고, 외부의 바람에 꺼지지 않는 자기만의 공부 발화점에 다
가섰다. 복학 후 한 살 어린 후배들과 한 교실에서 다시 공부를
시작하면서 비로소 자신의 페이스를 조절할 수 있게 되었다. 전
속력을 다해 앞만 보고 우직하게 달려 나가다가도 돌부리를 만
나거나 다리가 아파오면 잠시 쉬면서 숨을 고를 줄 알게 되었다.
그렇게 남은 시간을 멋지게 완주해냈고 현재는 서울대학교 심리
학과 19학번으로 재학 중이다.

인생의 여정은 사람마다 제각각이다. 다가오는 풍경이 다르고
이정표도 장애물도 저마다 다르다. 내가 발 디딘 길이 유독 험난
할 때, 어떻게 자신을 추슬러가며 그 길을 무사히 통과할 수 있
을까? 은지 양의 '멈춰 선 1년' 속에 그 해답이 있다.

글을 못 읽는 학자라니, 불안의 병에 갇히다

중학생 때부터 공부 욕심이 많던 아이였다. 그만큼 성적도 따라
주어서 전교 2등으로 중학교를 졸업했다. 진지하게 고민한 끝에
경기도 북부권에서 유명한 사립고등학교를 선택했다. 특목고
못지않다고 평가받는 신흥 명문 고등학교였다. 등교를 시작한 3

월, 주변을 둘러보니 다들 어찌나 똑똑하고 야무져 보이는지 절로 주눅이 들었다. 이제부터 다들 마음 독하게 먹고 내신에 매달릴 터였다. '내가 저 친구들 사이에서 과연 몇 등이나 할 수 있을까?', '내신이 혹 떨어져서 대학도 못 가는 거 아니야?' 하는 불안감이 꼬리를 이었다.

한 번 시작된 불안은 아무리 떨쳐내려 해도 점점 더 강하게 달라붙었다. 위축되고 불안정한 마음은 어느 순간 우울증으로 번졌다. 아침에 눈을 뜨는 순간부터 무기력하고 멍한 상태가 지속되고, 하루를 견디는 것 자체가 힘들어졌다. 집중력이 눈에 띄게 떨어지는 듯하더니 어느날부턴가 책을 읽을 수가 없었다.

글자를 입으로 소리 내어 읽을 수는 있었지만 이상하게도 머릿속에서 전혀 이해되지 않았다. 어려운 글이 아니라 아주 단순한 한두 문장도 마찬가지였다. 예를 들어 '토끼가 깡충깡충 뛰어간다'라는 문장을 읽어도 머릿속에 토끼의 이미지가 전혀 연상되지 않는 식이었다. 그저 '이게 무슨 뜻이지?' 하는 물음표만 머릿속에 가득했다. 어떤 글자를 들여다보든 마치 난해한 전문 용어로 가득한 설계도를 보는 것 같은 기분이었다.

처음에는 그런 증상이 한두 시간 지속되었는데 점차 그 시간이 길어졌다. 영어 지문이든 국어 제시문이든 수학 문제든 읽히지 않는 이유는 모두 노력을 게을리 한 탓인 것만 같아 스스로를 더욱 다그쳤다. 그것이 심각한 몸의 이상 증상이라는 것을 깨닫

기까지는 그리 오래 걸리지 않았다. 도저히 학업을 지속할 수 없어 휴학한 것이 4월 초니, 모두 한 달 남짓한 시간 동안 일어난 일이었다.

은지 양은 중학생 때부터 학자가 되고 싶었다. 어릴 때부터 사람에 대한 관심이 유독 많았고 사회과학 계열의 책들을 가리지 않고 탐독했다. '인간을 더 잘 이해할 수 있는 연구에 참여해서 뭔가 족적을 남기고 싶다'는 포부가 마음속에 자라났다. 그렇게 학자라는 진로를 진지하게 생각하던 중이었기에 난독증이라는 증상을 감당하기 더욱 힘들었다. 책에 파묻혀 연구에 몰두해야 할 학자가 난독증이라니…… 그보다 더 치명적인 핸디캡은 또 없을 터였다.

은지 양의 공부 발화점
남들 세상에 현혹되지 않고 내 세상을 만들어나가기

부모님은 무조건 편안히 쉬라고 하셨다. 병원에서도 섣불리 글을 읽으려 하지 말고 푹 쉬는 것이 회복에 도움이 될 거라고 했다. 요양을 할 겸 당분간 부산 해운대의 외갓집에서 지내기로 했다. 거기서 공부는 완전히 내려놓고 할머니 할아버지와 여유로운 시간을 보냈다. 함께 바닷가 산책을 하고 등산도 하고, 시간이 남으면 텃밭에 나가 밭일도 도우면서 햇볕을 쬐고 몸을 움직였다. 손녀와 여행하는 게 꿈이었다던 두 분을 따라 여행도 실컷 다녔다. 원래의 환경을 벗어나 느리게 흐르는 시간 속에서 몸과 마음의 고장 난 부분들이 서서히 제자리로 돌아왔다.

11월이 되자 처음으로 조심스레 책을 펴들었다. 다행히도 글자들이 원래의 모양과 의미대로 머릿속에 고스란히 들어왔다. 끔찍한 난독증에서 벗어났음을 확인했다. 동시에 '글을 읽을 수 있다'는 평범한 일상이 얼마나 대단한 것인지 절감했다. '글을 못 읽는 사람'이 되었던 시간 동안 은지 양의 세상은 지극히 한정적이었다. 어디에 가나 크고 작은 글씨로 적혀 있는 안내문과 설명문을 다른 사람의 입을 통해서만 들을 수 있었다. 상식과 지식은 고등학교 1학년 수준에서 멈추었다. 그러다 보니 뉴스를 들어도 점점 귀에 들어오지 않게 되었다.

책을 다시 읽을 수 있게 된 지금, 은지 양에게 공부의 의미는 이전과 사뭇 달랐다. 자신의 세상을 넓히고 원하는 방향으로 만들어나가는 것이 공부라는 생각이 들었다. 만에 하나 난독증이 다시 발병하더라도 무너지지 않을 만큼 튼튼한 세상을 구축해야겠다고 마음먹었다. 공부는 내 미래를 위한 일종이 대비책이라 할 수 있었다.

해가 바뀌어 복학을 했다. 친구들은 2학년이 되었지만 은지 양은 한 학년 아래의 후배들과 다시 공부를 시작했다. 이미 재수를 한 격이니 이제부터는 뒤처지지 않게 더 노력해야 했다. 실망스럽게도 복학 후 처음 받은 내신은 4등급, 5등급이었다. 이 등급에서 벗어나기 쉽지 않을 것 같아 2~3일 간은 망연자실했다. 하지만 '어차피 이러고 있어 봤자 바뀌는 건 없다'는 생각이 들었다.

'지금 일어나서 뭔가를 하면 성적이 오를 가능성이 최소한 1 퍼센트는 되지 않을까? 더구나 '공부하는 사람'인 학자가 꿈인데 그 꿈에 걸맞은 모습을 스스로 보여야지.'

1년 전 비슷한 상황에서 주저앉았을 때와는 정반대의 길을 택했다. 그때부터 은지 양은 전교에서 이름을 대면 '아, 그 공부 열심히 하는 애'라는 말이 나올 정도로 공부를 했다. 즐겨 먹던 액상 커피를 물에 타는 시간도 아까워 앉은 자리에서 그대로 짜 먹을 정도였다. 조별 과제와 수행평가가 중간고사 기간과 겹쳤을 때는 너무 무리한 나머지 백혈구 수치가 상승하기도 했다. 병원에서 링거를 맞고 학교로 돌아온 뒤에도 내리 이틀을 보건실에서 잠만 잤던 기억이 있다.

시간을 되돌려준대도 다시는 돌아가고 싶지 않을 정도로 치열한 날들이었다. 예전과 달라진 것이 있다면 지금은 '내가 잃어버릴 수도 있었던 것에 주어진 새로운 기회'라는 태도가 중심에 있었다는 사실이다.

노력에 비하면 성적은 빠르게 오르지 않았다. 하지만 한 단계를 넘어선 순간부터는 성과가 눈에 띄기 시작했다. 5등급이었던 수학이 3학년 1학기에 전교 1등으로 상승했고, 졸업할 때는 문과 전체에서 1등을 기록했다.

자책감은 공부의 가장 큰 적

은지 양은 사실 중학교 때부터 공부를 게을리 한 적이 한 번도 없는 친구다. 공부에 대한 열정이나 노력이 모자랐던 적이 없었다. 목표도 늘 뚜렷했다. 공부의 발화점에 일찌감치 도달해 있었다고 보아도 좋을 것이다. 오히려 은지 양의 문제는 '아직도 부족하다'는 자책감이었다. 자신을 자꾸 다그치고 책망하다 보니, 더 열심히 하는 아이들에게 뒤처질지도 모른다는 두려움이 겹쳤고 그 스트레스가 난독증이라는 극단적인 증상으로 불거졌다.

공부의 의미를 다시 생각하게 된 후로 은지 양은 그런 자책감과 스트레스를 다룰 줄 알게 되었다. 심지가 굳어지니 감정의 기복에 따라 오르내리던 공부의 온도가 일정하게 유지되었다.

이때부터는 공부를 하다가 슬럼프가 찾아오면 아무 생각 없이 편안히 휴식을 취했다. 하루 정도는 그동안 하고 싶었던 것을 실컷 하며 쉬었다. 좋아하는 방탄소년단 영상을 찾아보거나 인터넷 서점에서 소설을 주문해 읽기도 했다. 지금은 어차피 공부를 해도 안 되는 시간이니까 차라리 에너지를 실컷 충전하자는 생각이었다. 예전이었다면 '지금쯤 다른 애들은 눈에 불을 켜고 공부하고 있을 텐데……'라는 생각에 초조해졌겠지만 이제는 자기 자신을 좀 더 믿을 수 있었다.

'너는 지금까지 열심히 했고, 또 언제든 마음먹으면 다시 열심히 할 거잖아. 오늘은 편히 쉬어도 돼.'

은지 양이 지금까지 쌓아온 노력은 힘들 때 자신을 위로하는 수단이 되기도 하고, 한편으로는 현재를 더 열심히 살기 위한 자극제가 되기도 한다. 그것은 대학생이 되어 새로운 공부를 하고 있는 지금도 마찬가지이며, 앞으로의 인생에서도 은지 양을 안에서부터 붙들어줄 가장 든든한 자산이 될 것이다.

🔥 은지 양의 성적 급상승 그래프 이야기

1. 힘들면 쉬어가도 된다. 잠시 숨 고르고 다시 달리면 된다
공부는 긴 레이스다. 자욱한 안개를 만나면 걷힐 때까지 잠시 쉬며 기다리자.

2. '아직도 부족하다'는 생각에 시달린다면
자책감과 스트레스를 다루는 것은 공부에서 중요한 능력이다. 나를 믿는 법, 나를 위로하는 법을 익히자.

3. 자신에 대한 믿음은 노력에서 나온다
나 자신을 신뢰하기 위해서는 먼저 치열한 노력이 선행되어야 한다. 무작정 믿는다가는 스스로에게 속는 결과가 빚어질 수 있다.

내신 8.5등급에서 1등급 찍고 연세대에 들어가다

- 공부의 때를 놓쳤다고?
고3에 다시 붙잡아도 결코 늦지 않다

'쿨'한 부모님 밑에서 뜨겁게 시작된 공부 발화점

조혜윤 군은 대한민국에서 가장 '쿨'한 부모님 밑에서 자랐다. 축구, 피아노, 랩 등 자꾸만 변하는 꿈을 따라 공부만 빼고 다양한 분야를 기웃거렸다. 부모님은 '공부 좀 하라'는 말을 한 번도 하지 않았다. 도리어 '공부 꼭 안 해도 된다'는 소리를 진심으로 하는 분들이었다.

실제로 혜윤 군이 인생에서 가장 신나게 놀았던 시기는 고등학교 1학년이었다. 대학은 비싼 등록금 들여 시간만 낭비할 것 같아 아예 갈 생각이 없었다. 내신이 최하위권인 8.5등급이었지만 개의치 않았다. 혜윤 군 입에서 "나 이제 공부를 해볼래"라는 말이 처음 나온 것은 고3 4월 무렵이었다. 대학을 안 가는 것과 못 가는 것은 아무래도 차이가 있을 것 같다는, 다소 싱거운 이유 때문이었다.

평생 공부는 안 할 것 같던 아이가 자진해서 세 번의 수능을 치렀다. 재수 후 입학한 학교에 만족하지 못하고 반수까지 도전한 끝에 결국 원하던 연세대 경제학과로부터 합격 통지서를 받았다. 공부를 시키기도 힘들었지만 그만큼 말리기도 힘들었던 혜윤 군의 공부 발화점은 어디서부터 어떻게 시작되었을까?

공부하는 가족 속에서 혼자 신나게 놀던 아이

혜윤 군은 집에서 유일하게 공부를 못하는 사람이었다. 부모님은 모두 이공계 출신으로 전문직에 종사했고 누나도 명문대 물리학과에 거뜬히 합격할 만큼 성적이 뛰어났다.

집에서 거실은 공부방이자 만남의 장소였다. 널찍한 식탁에서 엄마는 밤늦도록 일을 하고 MBA 공부를 하곤 했다. 아빠도 옆에서 함께 책을 읽었다. 심심해진 아이들은 곁으로 모여들었다. 누나는 엄마를 따라 책을 읽거나 공부를 했고, 동생 혜윤 군은 주로 게임을 했다. 남매는 어릴 때부터 달라도 참 많이 달랐다.

엄마의 직장 때문에 잠시 미국에 건너가 살았던 적이 있다. 당시 초등학교 고학년이었던 누나에게는 공부하기 딱 좋은 시기였다. 한국에서 수학이나 국어의 기본기를 다진 후 미국에서 영어까지 완벽히 배울 수 있었다. 그에 비해 저학년이었던 혜윤 군은 한국에서 국어, 수학을 제대로 공부할 기회가 없었다. 고학년이 되어 한국에 돌아왔을 때는 친구들과 격차가 이미 너무 벌어져 있었다. 특히 국어가 문제였다. 말도 어설프고 글은 더 어설펐다. 책이 읽기 싫어지다 보니 공부에 대한 흥미 자체가 떨어졌다.

공부가 아닌 다른 것들에 온통 관심이 쏠렸다. 축구가 좋았고 친구들과 게임하는 게 마냥 재미있었다. 피아노에 심취하는가 하면 한때는 랩에 빠져서 랩 연습에 열심이었던 적도 있다. 교복 모델에 캐스팅되면서 연예인의 꿈을 키우기도 했다. 식구들은 '쟤가 다음에는 또 뭘 하려고 그러나.' 싶을 정도였다.

고등학교 2학년 때까지 혜윤 군은 대학을 가지 않겠다고 말했다. 부모님은 이구동성으로 답했다.

"그래, 엄마 아빠가 공부를 해보니 살면서 중요한 게 공부만이 아니더라. 100세 시대인데 중고등학교 때 인생을 꼭 미리 결정할 필요도 없어. 대학 말고 군대 먼저 다녀와서 천천히 진로를 결정해도 좋을 것 같아."

빈말이 아니었다. 실제로 엄마는 '이공계 학자 집안에서 다른 길을 걷는 아이가 한 명 있어도 나쁘지 않겠다'고 생각했다. 군대 다녀와 애완동물샵을 차리겠다는 혜윤 군의 철없는 이야기를 듣고서 부모님은 서로 이런 대화를 나누었다.

"혜윤이 때문에 우리 은퇴하지 말고 몇 년 더 벌어야겠네."

"공부 너무 잘하면 그것도 피곤해. 큰애 봐봐. 자기 살기 바빠서 연락하기도 힘들잖아. 공부 못하는 아들, 옆에 끼고 한번 살아보지 뭐. 혜윤이 제대하면 내 퇴직금으로 2년 동안 둘이서 세계 일주할 거야. 인생 공부 좀 하라고."

혜윤 군의 공부 발화점
'무엇이든 네가 원하는 걸 하라'는 가족의 진심 어린 메시지

하고 싶은 건 뭐든 해보라고 허락한 부모님이었지만 딱 한 가지 예외는 있었다. 바로 PC방이었다. 담배 냄새가 가득하고 거친 아이들이 많다는 것이 이유였다. PC방의 재미에 한참 빠져 있던 혜윤 군은 부모님 몰래 드나들기 시작했다. 아들이 수상쩍어 보였던지 어느 날 어머니는 혜윤 군의 핸드폰에 위치 추적 어플을 깔았다. 그렇다고 순순히 포기할 수는 없었다. 다니던 학원 건물에 핸드폰을 숨겨놓고 친구들과 함께 몸만 PC방으로 향했다.

시간 가는 줄 모르고 게임을 하고 있는데 누군가가 뒷덜미를 불쑥 잡았다. 깜짝 놀라 돌아보니 어머니였다. 혜윤 군이 연락도 없이 집에 오지 않자 어플을 확인해보았는데 몇 시간째 학원에서 움직이지 않는 것으로 나타났다. 학원에 가보니 아이도, 핸드폰도 보이지 않았다. 분명 근처 PC방을 갔을 거라 확신하고 부모님과 누나까지 나서서 학원가 근처를 샅샅이 뒤진 것이다.

혜윤 군은 고개를 푹 숙인 채 PC방에서 부모님 손에 끌려나왔다. 속으로 '나 이제 죽었다' 싶었다. 말 없이 걷던 가족이 향한 곳은 바로 고깃집이었다. 눈물이 쏙 빠지도록 혼낼 법도 한 아들을 고깃집으로 데려간 데는 이유가 있었다. '엄마 아빠 감시를 피해서까지 게임을 하느라 얼마나 마음고생 했을까.' 싶어서였다. 그날 이후로 부모님은 'PC방 금지' 규칙을 철회했다. 공부든 PC방이든 모두 알아서 하라는 소리였다.

어머니와 약속했던 또 한 가지는 수학만큼은 놓지 말자는 것이었다. '만약 네가 공부가 하고 싶어진다면 다른 과목은 따라갈 수 있지만 수학은 힘들다. 그러니 수학 하나만 하자'는 어머니의 조언에 따라 집에서 수학 수업만 따로 받았다. 덕분에 수학의 기본적인 개념은 붙들 수 있었다.

그렇게 대한민국에서 가장 마음 편한 고3이 되었을 때 혜윤 군의 내신 성적은 8.5등급이었다. 전교생이 200명이라고 치면

195등으로, 속 시원하게 공부를 포기한 결과였다. 새 학기가 시작되고 친구들은 얼마 남지 않은 성인의 시기를 한층 더 부지런히 준비하고 있었다. 어른이 된 나는 어떤 모습으로 살 것인지 현실적인 고민을 비로소 시작했다. 지금 당장 사회에 덩그러니 던져지면 생각했던 것처럼 멋진 인생을 살 수 있을까. 제대로 살기 위해 남은 시간 동안 뭘 해야 할까. 처음으로 '대학'과 '공부'라는 단어에 마음이 움직였다.

혜윤 군의 공부 발화점이자, 아이가 스스로 공부할 때까지 기다리겠던 부모님의 말이 실현되는 순간이었다. 내가 정말 공부를 하고 싶은지, 공부를 왜 해야 하는지 스스로 묻고 답하기까지 보통의 아이들보다 훨씬 더 많은 시간이 걸렸다. 일반적인 경우에는 아이가 스스로 고민하기 전에 이미 주변 어른들의 목소리를 통해 수도 없이 '공부하라'는 메시지를 주입받곤 한다. 혜윤 군의 경우는 순수하게 자기 안에서 그 의지를 끌어냈다.

'무엇이든 네가 원하는 걸 해라. 그게 뭐든 넌 멋지게 해낼 것이고 우리는 널 지지할 것이다'라는, 가족 전체가 평생 동안 행동으로 보여준 메시지 덕분일 터였다. 더뎠지만, 그 시간은 찾아왔다.

여한 없이 놀았기에 여한 없이 공부한다

다행인 것은 고3이 될 때까지 말 그대로 여한 없이 논 터라 정신적으로든 신체적으로든 에너지가 넘쳤다는 점이다. 다른 친구들이 그동안의 긴 레이스에 지쳐 골인 지점만을 바라보며 버티는 상황이라면, 혜윤 군은 출발선에서 이제 막 튕겨져 나온 격이었다. 공부의 발화점에 일단 들어서고 나니 기다렸다는 듯 불길이 거세게 타올랐다. 그동안 공부가 하고 싶어서 어떻게 참았나 싶을 정도였다.

어두워진 밤 시간, 어머니가 혜윤 군을 데리러 도서관으로 가면 아이는 하루의 에너지를 모두 소진한 채 지친 모습으로 털썩 차에 올라탔다. 하지만 얼굴에 떠오른 표정은 피곤이나 짜증과는 거리가 멀었다. '오늘 하루 원 없이 공부했다'는 만족감, 기분 좋은 피로에 잠긴 얼굴이었다.

첫 수능을 치른 후 만족스럽지 못한 성과에 고민 없이 재수를 택했다. 그 결과 수도권 대학에 진학했지만 한 학기를 다닌 후 또 한 번 수능을 치르기로 결심했다. 학교에 다니면서 소위 말하는 '인서울'과 수도권 대학의 처우가 다르다는 것을 몸소 느꼈기 때문이다. 공부하기 딱 좋은 장소는 다니던 대학의 자습관이었는데, 문제는 9월부터 11월까지 기숙사 문을 닫는다는 것이었다. 집에서 통학하기에는 거리가 있었기에 근처 고시원을 얻어서 혼자 나와 살기로 했다.

대학 따위는 안 가겠다던 아이가 재수에 이어 반수를 택하더니 좁은 고시원 생활까지 자처하는 모습에 가족 모두가 놀랐다.

지금껏 어떤 한 가지에 이렇게 무섭도록 매달려본 적은 처음이었다. 크게 기대하지 않았는데 결과는 더욱 놀라웠다. 혜윤 군은 목표했던 연세대 경제학과에 당당히 합격했다.

혜윤 군은 부모님을 기쁘게 해드리기 위해 공부를 한 적이 한 번도 없다. 자신의 실력이 성장하는 것을 느낄 때의 즐거움, 새로운 도전으로 스스로를 시험해볼 때의 기대감이 공부의 발화점을 계속 유지하도록 만든 중요한 요인이었다.

부모님은 지금도 말한다. 혜윤이가 좋은 대학에 들어가고서 또 불쑥 그만둔다고 해도 말리지 않겠노라고. 뭐든 해낼 수 있다는 능력을 확인했으니, 스스로 또 다른 길을 찾아 나선다 해도 언제든 지지해줄 것이라고. 혜윤 군이 '더 좋은 선택' 앞에 망설이지 않는 가장 큰 이유이리라.

🔥 혜윤 군의 성적 급상승 그래프 이야기

1. 공부가 하기 싫고, 대학이 필요 없다고 느낀다면?
공부의 의지는 어느 순간이든 무섭게 일어날 수 있다. 그때를 대비해 최소한의 개념 공부는 붙들고 있자.

2. 공부의 효율을 높이는 환경을 스스로 만들어보자
어떤 환경에서 집중이 잘되고 좋은 성적을 낼 수 있는지는 본인이 안다. 그 환경을 먼저 조성하라.

3. 현재의 인생이 썩 만족스럽지 않다면?
망설이지만 말고 새로운 기회를 찾아 도전해보라. '더 좋은 선택'이란 언제나 우리를 기다리고 있다.

127명 중 126등에서
수능 만점을 받다

- 도망치고 싶던 학교가 최고의 공부방이 되다

영어 깜깜이가 외고에 가면서 벌어진 일

2020년 대입 수능이 끝난 후 각종 신문과 뉴스에서 앞다투어 소개한 '수능 만점자' 학생이 한 명 있다. 다른 여러 만점자들 가운데서도 송영준 군에게 유독 스포트라이트가 쏟아진 이유가 있었다. 형편이 어려운 한부모 가정에서 사교육의 도움 없이 스스로 공부했다는 것, 그리고 무엇보다 고등학교 1학년 때 꼴찌라는 성적에서부터 시작해 수능 만점이라는 결과에 도달했다는 사실이다.

영준 군은 사회적 배려대상자로 외고에 입학했다. 영어를 잘하게 되어서 외국인과 자유롭게 대화하고 싶다는 순수한 동기에서 내린 결정이었다. 하지만 원어민 선생님과의 수업 시간은 외계어 강의 같았고, 발표 시간에는 따로 불려가 '콩글리시' 발음을 지적받았다. 사교육과 선행으로 무장하고 들어온 다른 친구들 사이에서 혼자만 다르다는 이질감이 들었다. 뒤늦게 나온 배치고사 결과는 전교 등수로 뒤에서 2등. 더 이상 이 학교에 다닐 이유가 없다 싶었다.

그랬던 송영준 군이 2학년에 올라가서는 앞에서 전교 2등이 되었고, 수능을 치르고는 만점을 받아 급기야 전국 1등이라는 기록을 달성했다. 보통 독하지 않고서는 내신 1등급을 올리기도 힘들다는 외고에서 꼴찌로 스타트를 끊은 영준 군은 어떻게 놀라운 성적 급상승 그래프를 그려냈을까?

127명 중 126등, 외고 탈출을 생각하다

사교육을 받아본 적 없는 영준 군은 그저 학교 수업 시간에 잘 듣는 것이 공부의 전부라고 생각했다. 운 좋게 외고에 갈 기회가 주어졌을 때도 영어 회화 실력을 늘릴 좋은 기회라고만 생각했다. 학원을 다닐 상황이 아니었기에 어쩌면 영어를 제대로 접할 마지막 기회일지도 모른다는 판단이 들었다.

'고등학교 가서도 수업 시간에만 충실하면 성적이 웬만큼 나오겠지'라고 생각했다. 세상 물정을 전혀 몰랐다는 것을 학교에 간 첫날부터 깨달았다. 외고에는 고등학교 과정을 미리 끝내고 온 아이들이 수두룩했다. 원어민 수준의 유창한 영어 실력을 자랑하는 친구들도 많았다. 최소한 영어 수업 시간에 영준 군처럼 입 한 번 떼지 못하고 꿀 먹은 벙어리가 된 아이는 없었다.

'however', 'therefore'라는 단어를 반배치고사에서 난생처음 접했다. 중학교 때까지의 상식으로 'how'와 'there'는 알고 있었지만 뒤에 'ever'와 'fore'가 붙어 있으니 이게 무슨 합성어인가 싶었다. 최선을 다해 시험을 치렀지만 결과는 전교 127명 가운데 126등. 눈으로 보고도 믿기 힘든 숫자였다. 3월에 친 모의고사 결과도 친구들에 비해 한참이나 모자랐다.

당시 기분은 '학교에서 도망치고 싶다'는 것이었다. 출발부터 너무 늦었다는 생각에 도저히 게임이 될 것 같지 않았다.

담임선생님과 상담이 있던 날, 공고로 전학을 가겠다고 무작정 떼를 썼다. 일반계 고등학교도 아닌 공고로 전학을 가려는 이유를 묻자 중학교 1학년 때 돌아가신 아버지와 식당 일을 하시는 어머니 이야기를 꺼냈다. 공고를 졸업하면 거기서 우수한 학

이름	수학	영어	총점	전체등위
송영준	45점	30점	70점	126 / 127

영어 성적은 100점 만점에 30점이에요

생들은 대기업으로 취직하기 쉽다고 하니 그 길을 택하는 게 최선일 것 같다는 이야기였다. 내키지 않는 선택을 입으로 뱉으며 흐느껴 우는 영준 군을 다독이면서 선생님도 함께 울었다.

"영준아, 네가 성적을 조금만 올려주면 선생님이 어디든 장학금을 추천할 수가 있어. 우리 한 번 해보자. 당장 2~3년 후가 아니라 길게 보면 그게 어머니께 훨씬 더 도움이 될 거야."

그날 이후, 도망치고만 싶은 외계 행성 같던 학교는 영준 군에게 인생 최고의 멘토들로 가득한 공부방이 되었다.

쏟아내는 질문과 함께 움직이기 시작한 성적

새벽 1시를 지난 시간. 기숙사 소등 시간이 지난 후에도 아이들은 스탠드를 켜고 저마다 책상 앞에서 공부를 하고 있었다. 그때 갑자기 방문이 벌컥 열리면서 영준 군이 얼굴을 내밀었다.

"야, 나 뭐 하나만 물어보자."

"뭐? 뭔데?"

"하우에버 뜻이 뭐냐."

얼떨결에 답을 해준 친구는 영준 군이 사라진 후에도 한참 고개를 갸웃거렸다.

'쟤 뭐야. 설마 그걸 진짜 몰라서 묻는 거야? 아니면 나 방해하려고 일부러 저러는 거야.'

의문은 곧 풀렸다. 수업 시간마다 수시로 손을 들고 선생님께 질문을 쏟아내는 영준 군을 보며 친구들은 '정말 몰라서 열심히 하는 애'라는 걸 알게 되었다. 영준 군이 만든 단어장에 첫 번째로 적힌 단어는 'however'였다. '공부 열심히 하려고 꿈틀거린다'라는 뜻에서 친구들은 그 단어장에 '꿈틀 노트'라는 이름을 붙여주었다.

선생님들은 영준 군의 질문이 수업 끝나고서 더 많았다고 말한다. 하루에도 몇 번이나 특유의 미소를 지으며 "선생님, 저 물어볼 게 있는데요"라는 단골 멘트와 함께 교무실 문을 들어서던 모습을 기억한다. 모르는 문제에 대해 질문하고, 앞으로 공부를 어떻게 해야 할지 묻거나 고민을 털어놓기도 했다.

질문의 수준은 시간이 지날수록 높아졌다. 영어의 경우 처음에는 '이 문장에서 이 부분은 어떻게 해석해야 돼요?' 하는 일차원적인 내용이었다면 3학년 무렵에는 수업 시간에 선생님을 당황하게 할 만큼 날카로운 수준으로 발전했다.

"어, 영준아. 그건 너무 좋은 질문인데, 선생님이 조금 더 예문을 찾아보고 답해줘야 할 것 같아. 다음 수업 시간에 말해줄게."

영준 군의 질문을 계기로 친구들도 함께 예문을 찾아보고 덩달아 질문하게 되면서 수업 시간이 활기를 띠었다.

첫 여름방학이 지나고 2학기가 시작되면서 영준 군의 성적은 급격히 상승하기 시작했다. 2학년이 되어 전교 2등으로 올라섰고 이 성적은 졸업 때까지 기복 없이 유지되었다. 입학 당시 영준 군의 모습을 기억하는 선생님과 친구들로서는 믿기 힘든 광경이었다.

여름방학을 반납한
수학 특급 훈련

영준 군의 처음 공부 발화점은 '열등감'이었다.

입학한 지 얼마 안 되었을 때 자습실 풍경은 예상과 많이 달랐다. 반에서 상위권인 아이들일수록 엎드려 자는 경우가 많았다. 선행학습을 할 만큼 한 아이들이라 '이미 진도를 끝냈다'고 생각해서일 터였다. 수업 시간이나 자습 시간이나 애가 닳아서 가장 열심히 공부하는 사람이 바로 영준 군이었다. 그런데도 시험 결과는 그 친구들보다 훨씬 뒤처진다는 사실에 자존심이 상하면서 오기가 발동했다.

'내가 이렇게 열심히 하는데, 적어도 쟤네들보다는 성적이 좋아야 하는 거 아니야?'

기숙사 안에 있는 정독실은 새벽 5시 반에 문을 열었다. 정독실 불을 매일같이 켜는 것이 습관이 되었다. 모두가 잠든 시간, 아무도 없는 정독실에서 하루를 시작했다. 시험 기간이면 공부양을 늘리기 위해 하루에 겨우 세 시간씩 잠을 잤다. 너무 졸릴 때는 교실 뒤에 있는 높은 키다리 책상에서 하루 종일 서서 공부하기도 했다. 그야말로 눈 뜨고 있는 모든 시간에 공부를 한 셈이다.

분	한국사 영역	국어 영역	수학 영역 나형	영어 영역	사회탐구 영역 한국 지리	사회 문화
점수		140	149		66	67
분위		100	100		97	99
급	1	1	1	1	1	1

2019. 12. 4.

한 국 교 육 과 정 평 가 원 장

공부의 발화점이 '열등감'에서 '자신감'으로 옮겨 붙은 시기는 1학년 여름방학이었다. 성적이 전체적으로 낮은 이유가 수학 때문이라고 판단하고 종류별로 수학 문제집 일곱 권을 구입했다. 가장 낮은 레벨에서 기초를 다지고 점차 레벨을 높여나가다가 막히면 다시 낮은 단계로 되돌아가서 짚어나가는 연습을 반복했다. 그렇게 일곱 권의 문제집을 최상위 레벨까지 완벽하게 마무리한 채로 방학이 끝났다.

이제 수학만큼은 자신 있다 보니 다른 과목을 공부할 시간이 상대적으로 늘어났다. 2학기에 치른 첫 시험 결과, 꼼짝하지 않을 것 같던 전교 등수는 훌쩍 뛰어올라 있었다. '성적을 올려서 장학금 추천을 받아보자'던 선생님의 제안을 충족하고도 남을 만큼의 상승폭이었다. 1학년 때는 가정형편이 어려운 아이들에

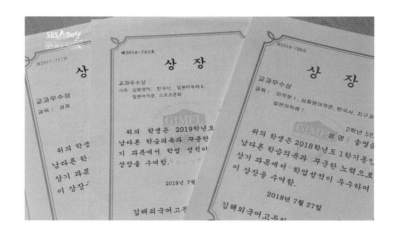

게 주는 장학금을 받았지만, 2학년 때는 성적이 아주 뛰어난 학
생들을 대상으로 하는 외부 장학금까지 여러 개 받게 되었다.

데이트 장소처럼 설레던 수능 시험장

영준 군은 수능 전날부터 만점을 받으리라는 확신이 있었다.

수능 전날 1학년 때 담임선생님을 찾아가 "저, 이번 수능 꼭 만
점 받아올게요"라고 자신만만하게 말했을 때 선생님은 "그래, 만
점 못 받으면 안 돼~"라고 맞장구를 쳐주었지만 속으론 허무맹
랑한 이야기라 생각했다.

하지만 영준 군은 진심이었다. 수능이란 것이 고등학교 3년간
의 노력이 반영된 결과물이라 할 때, 자신이 쏟은 노력은 더 이
상 보탤 수 없을 정도라고 생각했기 때문이다. 전교에서 가장 철

저하게 수능을 대비한 사람이 바로 자신이라 믿었다. 공부의 양뿐만이 아니었다. 3년 내내 모의고사를 치르면서 매번 실전이라 가정하고 철저히 시뮬레이션을 했다. 시험장의 특수한 환경이라든가 시간의 압박까지 이미 완벽하게 계산을 해놓은 상태였다.

그랬기에 수능 시험장에 들어설 때 긴장이 되기보다 '드디어 내 실력을 보여줄 수 있다'라는 기대감이 앞섰다. 어차피 난 할 만큼 했으니 이제 결과가 모든 것을 이야기해줄 것이라고 생각했다.

결국 영준 군은 수능 만점이라는 최고의 결과를 손에 넣고 현재 서울대학교 자율전공학부 1학년으로 재학 중이다. 매스컴을 통해 알려진 피상적인 이야기를 듣고 많은 사람들은 '기적 같은 일'이라 생각할 테지만 영준 군은 이렇게 말한다. 그 누구라도 자신이 쏟았던 것만큼의 노력을 기울인다면 비슷한 성과에 도달할 것이라고.

영준 군은 높은 벽과 같았던 친구들과의 격차에 압도되지 않았다. 자신의 약점을 모두 인정하고 정확히 파악한 후, 남은 기간 동안 그것을 어떻게 해결해나갈 것인지 철저히 계획을 세웠다. 도움을 받을 수만 있다면 조금도 부끄러워하지 않고 요청했다. 약점만큼이나 자신의 강점 또한 분명히 알고 있었다. 낯선 도전을 두려워하지 않는 성격, 한번 마음먹은 일에 온 힘을 다해 매달리는 끈기를 믿었다.

열등감이라는 감정에 발목을 붙들리지 않고 오히려 공부의 생생한 동력으로 삼았던 영준 군. 앞으로도 자신이 믿는 그대로의 모습으로 이 세상과 맞부딪힐 것이다.

 영준 군의 성적 급상승 그래프 이야기

1. 나 빼고 다 공부 잘하는 애들이라고?
부끄러움 없이 누구에게나 물어보고 배울 수 있는 좋은 환경이다. 꼴찌에게는 누구든 도움을 주고 싶어 한다.

2. 수학이 약점이라면 최상위 레벨 문제집은 일단 치워둬라
레벨이 낮은 문제부터 접근해서 서서히 난이도를 올려나가는 방법을 추천. 방학 한 번이면 수학 정복이 가능하다.

3. 꼴찌에서 서울대라니, 기적 같은 일?
기적처럼 보이는 사건 안에 수많은 노력이 차곡차곡 쌓여 있다. 이렇게 쌓인 노력은 누구에게나 100퍼센트 확률을 보장하는 필연적인 기적을 안겨준다.

2장

꼴찌들이 성적을
단기간에 끌어올린
공부법

영광의 주인공들이 버텨낸
마의 구간 속으로

성적 급상승
커브의 비밀

짧은 기간 동안 성적이 급격히 올라 일류 대학에 붙었다는 사연에 우리는 박수를 보내지만 사실 마음 깊이 공감하기는 힘들다. 모든 시간과 에너지를 쏟아 여한 없이 공부했다는 이야기는 그저 '그들만의 세상'처럼 느껴진다.

그럴 수밖에 없는 것이 우리는 대부분 그들이 결승선을 통과한 뒤의 결과만을 보기 때문이다. 하지만 그들도 출발선에서 처음 발을 떼었을 때는 뭘 어떻게 해야 할지 몰라 허둥거렸을 것이다. 안정적인 궤도에 오르기까지는 성적이 꼼짝 않는 듯 보이는 '마의 구간'을 버텨내기도 했으리라. 하루에 열두 시간, 열네 시간씩 공부했다고 인터뷰하는 그들도 처음에는 한 시간을 온전히 집중하기 어려웠다고 고백한다.

그들이 공부의 임계점을 지나기까지 거쳤던 시간으로 돌아가 보려 한다. 좌충우돌 끝에 자기만의 공부법과 노하우를 얻어내기까지 과정을 여기에 공개한다.

성적이 무조건 오르는 방법이란 없다

수능 만점자 서른 명을 인터뷰한 학습 전문가는 이야기한다.

"우리가 공부법을 알고자 할 때 가장 주의해야 할 것은, 절대 진리는 없다는 사실이다. 그러니까 '이렇게 하면 반드시 성적이 오른다'라는 원칙이란 건 없다는 이야기다. 그건 허상이고 눈속임일 뿐이다."

수능에서 만점을 받은 학생들에게 물어보았을 때 어떻게 공부를 하는지, 몇 시에 잠을 자는지, 휴식 시간은 어떻게 가지는지, 공부는 주로 어디서 했는지는 저마다 달랐다. 다만 한 가지 중요한 공통점이 있었는데 바로 자기가 언제 어디서 어떻게 공부해야 잘되는지를 아주 잘 알고 있었다는 것이다.

'학습'이라는 단어에서 '학'은 외부로부터 뭔가를 받아들이는 것을 뜻하고, '습'은 그것을 익혀서 내 것으로 만드는 과정을 의미한다. '학'은 학교나 학원에서 대체해줄 수 있지만, '습'은 자기 스스로 해낼 수밖에 없는 부분이다. 그런 의미에서 수능 만점자들은 그야말로 자기주도 학습의 전문가들이었다.

공부에서 무엇보다 중요한 것은 다양한 방법을 직접 시도하면서 시행착오를 겪어보고 그 과정에서 자기한테 맞는 공부법을 찾는 일이다.

역전왕의 HOW TO
'있어 보이는 공부법' 대신 나에게 맞는 공부법을

앞 장에서 소개한 '외고 꼴찌' 영준 군의 공부법은 학교에서 유명했다. 1년 만에 뒤에서 2등이던 성적이 앞에서 2등으로 뛰어올랐으니 누구든 혹할 만도 했다. 친구들이 이름 붙인 소위 '영준이 공부법'의 대표적인 것이 바로 '빨간 펜 공부법'이었다.

영준 군의 교과서를 보면 온통 빨간색으로 범벅이 되어 있었

다. 수업 내용이 필기되어 있지도 않고, 그저 단어 하나하나 마다 모두 빨간색 동그라미와 밑줄이 여러 겹 그어져 있다. 교과서에 밑줄을 긋느라 필통에는 빨간 펜만 대여섯 자루를 넣고 다녔다. 영준 군의 말에 의하면, 시험 기간 때마다 빨간 펜을 열 자루씩 써서 고등학교 내내 150자루는 충분히 썼을 것이라고 한다.

2장 꼴찌들이 성적을 단기간에 끌어올린 공부법

친구들 눈에는 '신기한 공부법', '뭔가 있어 보이는 방법'이었던 모양이다. 얼마 후 같은 반 남자아이들은 모두 영준 군의 공부법을 따라 하기 시작했다. '나도 송영준 공부법으로 이제 등수 올린다'며 너도나도 깨끗하던 책에 빨간색 밑줄을 두세 번 긋고 공부를 시작했다.

영준 군이 그런 방법을 택한 것은 '내신 시험이라면 어차피 교과서 내용을 다 외우면 풀 수 있는 문제'라고 생각했기 때문이다. 문제집을 풀거나 손으로 필기하는 대신 교과서를 한 번 더 보는 게 시간을 아끼는 방법이라고 판단했다. 문제는 눈으로만 읽다 보면 잘 외워지지 않는 부분을 무의식적으로 건너뛰게 된다는 점이었다. 까다로운 부분을 일부러라도 의식하며 읽기 위해서 꼼꼼히 빨간 펜으로 표시를 했다. 한 번 시험을 칠 때마다 교과서 한 권에 대략 스무 번 정도 밑줄을 쳤다.

겉보기에는 '필기 없이도 줄줄 외워지는 천재의 공부법'처럼 보였겠지만, 아무 의도나 의미 없이 흉내만 내서는 효과가 있을 리 없다. 후일담이지만 '영준이 공부법'으로 성적을 올린 친구는 한 명도 없었다고 한다.

영준 군은 책에 밑줄을 그으며 통째로 외우는 방법이 가장 잘 맞았지만 누구나 그렇지는 않다. 공부한 내용을 노트에 따로 일목요연하게 정리하는 방법이 효과적인 사람도 있을 것이고, 입으로 소리 내어 읽을 때 머릿속에 더 저장이 되는 사람도 있을 것이다. 나의 성향과 스타일을 고려해 다양한 방법을 시도해보고 시험해볼 필요가 있다.

역전왕의 HOW TO
나 홀로 공부법 VS
선생님 괴롭히기 공부법

'김연아 키즈' 예은 양의 공부법은 영준 군과 또 다르다. 영준 군이 수업 시간에 최대한 집중하고 교과서 내용을 통째로 머리에 넣듯이 공부해서 내신을 공략했던 것에 비해, 예은 양은 "나는 솔직히 수업을 그리 열심히 듣지는 않았다"고 이야기한다. 선생님이 들으면 섭섭할 말이겠지만 예은 양에게는 자기만의 공부법이 따로 있었다.

예은 양이 책에서 가장 중요하게 생각한 것은 '목차'였다. 목차에는 각 장의 핵심이 무엇인지가 나와 있고, 그것들이 서로 연결되는 지점을 확인할 수 있었다. 그것을 바탕으로 스스로 체계를 정리하고 분석하는 것을 선호했다. 학교 수업의 경우 그날의 진도에 따라 지엽적인 내용을 다루기 때문에 예은 양의 종합적인 방법과는 거리가 있었다.

예은 양이 하루 중 가장 중요하게 여겼던 시간은 저녁 6시부터 10시까지 이어지는 야자 시간이었다. 나 혼자에게 온전히 주어진 가장 안정적인 시간이었기 때문이다. 그래서 이 시간에 해야 할 것을 가장 중심에 두고 계획을 짰고 가장 열심히 준비했으며, 가장 완벽하게 실행했다.

혼자 공부하는 것을 좋아하는 성격 때문에 사교육은 수학만 했다. 학교에서 기숙사 생활을 해서 학원을 편하게 다닐 상황이 아니기도 했지만 워낙에 학원이 체질에 맞지 않았다. 주말에 한 번 받는 수학 과외시간에도 주중에 혼자 해결하기 힘들었던 문제들을 질문하는 식으로 수업했다. 나머지 시간에는 누구에게도 의지하지 않고 혼자서 공부 내용을 소화하는 데 집중했다.

영준 군은 정반대로 학교 선생님들을 최대한 활용한 경우다. 영준 군은 수시로 교무실 앞에서 선생님들과 책을 들고 서서 이야기를 나누곤 했다. '거의 모든 과목 선생님을 괴롭혔다'고 친구들도 입을 모은다. 어떤 수학 교재가 도움이 될 것인지, 영어 듣기에 좋은 프로그램은 뭔지, 비문학 공부는 어떻게 하면 좋을지 세세하게 묻고 조언을 구하면 선생님들은 기꺼이 필요한 도움을 제공해주었다.

특히 회화를 배울 때 가장 좋은 방법은 '원어민 선생님에게 치근덕대는 것'이라고 영준 군은 조언한다. 어떻게든 선생님에게 다가가 되든 안 되든 말을 붙였다. 외국어 교무실 청소는 영준 군이 늘 자청하는 일이었다. 청소를 하면서 선생님들과 친해졌고 영어뿐 아니라 제2외국어인 일본어, 중국어까지 실력을 향상시킬 수 있었다.

역전왕의 HOW TO

전국의 일타 강사도 결코 만능은 아니다

1장에서 소개한 성적 급상승의 주인공들은 개성이 다르듯 선택한 공부법도 저마다 달랐다. 혼자 하는 공부를 고집한 경우도 있었고 인강(인터넷 강의)을 적절히 활용하거나 기숙형 재수학원에 등록한 경우도 있었다.

일반적으로 봤을 때 대한민국의 입시 체제에서 사교육을 배제할 수는 없다. 대부분의 아이들이 사교육을 통해 선행 수업을 하는 것이 현실이다. 문제는 사교육이 '주'가 되어버리는 경우다.

수능 만점자들에게 물었을 때 대부분은 사교육을 받았다고 말했으며, 가장 많게는 한 달에 200~300만 원까지 사교육비를 지출했다고 답했다. 중요한 것은 다음 질문이다. '학교 수업과 학원 수업, 자습 가운데 무엇에 가장 중점을 두었느냐'고 물었을 때 모두들 1번으로 '자습'을 꼽았다. 그 다음 2번이 학교, 마지막이 학원이었다.

사실 초등학생 때나 중학교 저학년 때만 해도 아이들은 엄마가 보내주는 학원에 꼬박꼬박 다니고 학원에서 내주는 숙제를 성실하게 해 가는 것을 공부로 여긴다. 주기적으로 레벨 테스트를 거쳐서 높은 반으로 순조롭게 올라가면 엄마들은 안심한다.

그러나 스스로 공부의 발화점에 도달하지 못한 경우, 많은 아이들이 고등학교에 들어설 무렵 지치기 시작한다. 너무 오랫동안 달려온 탓에 의욕이 일찌감치 소진되어 버리기도 하고 뚜렷한 공부의 동기를 찾지 못하는 경우도 생긴다. 그럴 때 '내가 왜 이렇게 힘들게 이 공부를 해야 하나.' 하는 회의가 밀려든다.

고등학교 이후 공부의 승패는 '방대한 공부의 체계를 스스로 세우고 계획할 수 있느냐'에 달려 있다. 이것은 대한민국 입시의 중요한 본질이기도 하다. 내신뿐 아니라 수능, 비교과, 논술, 면접 등 수많은 것들을 준비해야 하며 과목도 다양하다. 모두에게 똑같이 주어진 시간 안에서 그 많은 요소들을 스스로 조직하고 소화해낼 수 있느냐가 입시의 성과를 좌우한다.

이 능력을 갖춘 아이들은 어떤 전략과 공부법을 택할 것인지 스스로 계획하고 시행착오를 통해 자기에게 맞추어나간다.

만약 학원에서 정해준 교재로 공부하고 학원에서 내순 숙제를 해가는 것만을 목표로 한다면 그 아이는 책상에 앉아 오랜 시간 공부를 할지라도 스스로 공부를 조직하는 법을 배울 수 없을 것이다.

학원을 다니는 것이 목표가 되어서는 곤란하다. 내 공부에 무엇이 필요한지 스스로 파악하고, 그 결핍을 채우기 위한 용도로서 학원을 이용해야 한다. 학원의 진도나 수준이 자신에게 적절하지 않다거나 뭔가가 부족하다면 얼마든 대안을 찾으면 된다. 학원은 그저 보조 수단에 지나지 않기 때문이다. 필요한 인강을 찾아보거나 서점에서 다른 교재를 훑어보며 공부의 빈칸을 보완할 수도 있다.

공부의 발화점에 도달한 아이들의 특징은 누구보다 이 능력이 뛰어나다는 것이다. 공부의 틀을 전체적으로 넓게 바라보고 능동적으로 계획하며, 필요한 부분을 스스로 확인하고 채워 넣는다. 말 그대로 공부의 주인이 되는 셈이다.

1장에서 소개한 일곱 명의 학생들도 마찬가지였다. 국영수 학원을 한꺼번에 다닌 경우도 있고 과외를 따로 받기도 했지만 불필요하다고 느끼면 미련 없이 그만두었다. 남들도 하니까, 혹은 지금까지 배운 게 아까워서 습관적으로 지속하는 사교육은 공부에 별 효과가 없음을 잘 알고 있었다. 이들의 특징은 모두 본인이 원해서, 필요하다고 느껴서 사교육을 선택하거나 과감히 중단했다는 것이다.

"자기주도 학습이라는 것이 제대로 체계가 안 잡혀 있는 학생은 아무리 전국의 일타 강사가 온다 해도 결코 성적을 높여줄 수 없다."

수능 만점자들을 인터뷰한 공부 전문가의 결론에 귀를 기울일
필요가 있다.

역전왕의 HOW TO
인강의 함정에
유의하라

인강의 경우도 학원과 마찬가지로 적절히 선택할 때 공부에 활
력이 될 수 있다. '게임 만렙' 출신 왕경업 군의 경우 인강을 적
극적으로 활용해서 수학 성적을 올렸고, 다른 친구들도 공부의
도우미로 인강을 종종 사용했다. 반면에 의대생 현수 군은 인강
의 위험성을 이야기한다.

"인강은 상위권 학생들 몇몇 말고는 득보다 실이 많아요. 인강
의 장점이 곧 단점이 되기 때문이죠."

이게 무슨 소리일까? 인강의 장점은 접근성이 좋다는 것이다.
노트북이나 스마트폰만 켜면 언제든 내가 원하는 강의를 들을
수 있다. 문제는 접근성이 뛰어나다 보니 최선을 다해 듣지 않는
경우가 태반이라는 것이다. 오늘 대충 흘려보내도 언제든 다시
들을 수 있다고 생각한다. 인강을 들으러 인터넷에 접속하다가

다른 곳으로 새는 경우도 흔하다. 한 시간짜리 인강을 들으려다 인터넷의 유혹에 빠져 두세 시간이 훌쩍 지나간 경험을 대부분 해보았을 것이다.

가장 큰 문제는 인강을 들으면 '오늘 해야 할 공부를 다 했다' 는 착각에 빠진다는 사실이다. 인강 강사들이 '나만 믿고 따라오라'며 제시하는 커리큘럼을 1강부터 쭉 들으면 그래도 뭔가 쌓이는 기분이 들어 뿌듯해지기도 한다. 현수 군은 그런 점에서 인강이 '공부의 도피처'가 될 수 있다고 말한다. 한참 공부한 것 같은 기분은 드는데 정작 실전에는 적용되지 않고 내 공부 시간만 빼앗기는 결과가 되기 십상이라는 것이다. 인강 역시 부족한 부분을 메우는 하나의 방법이 될 뿐이지 본질은 될 수 없다. 그렇다면 현수 군은 인강을 어떻게 활용했을까?

인강을 구매하면 책을 교재로 준다. 인강의 큰 장점은 교재의 퀄리티가 상당히 높다는 점이다. 현수 군은 인강 교재를 받아서 우선 혼자 공부했다. 잘 모르는 부분이 나오면 그 부분만 찾아서 인강을 들었다. 비용은 전부 냈는데 서비스를 제대로 이용하지 않으면 돈이 아깝지 않느냐고 할 수도 있다. 하지만 인강은 웬만한 사교육보다 훨씬 저렴하다. 특히 지방에 사는 현수 군에게는 서울 유명 강사들의 강의를 집에서 직접 들을 수 있다는 점이 매력적이었다.

현수 군은 인강에 마냥 시간을 빼앗기지 않도록 듣는 시간도 미리 정해놓았다. 정해진 시간이 지나면 인강에서 빠져나와 자습으로 돌아갔다. 어떤 공부 수단이든 내가 주도해서 컨트롤할 수 있을 때 실질적인 도움이 된다.

 '나만의 공부법'을 어떻게 찾을까?

1. 공부 잘하는 애들의 공부법을 따라하지 말고 나의 성향과 스타일에 맞는 여러 가지 방법을 직접 시도해보라.

2. 학원 등의 사교육은 나의 부족한 부분을 보완하는 보조 수단에 불과하다. 학원 진도를 따라가는 것이 목표가 되어서는 곤란하다.

3. 인강을 듣는 것만으로는 내 공부가 되지 않는다. 인강이 공부의 도피처가 되지 않도록 유의하라.

첫 번째 도미노를
쓰러뜨려라

어릴 때는 받아쓰기, 구구단만 잘해도 '공부 잘한다', '머리 좋다'라는 말을 듣지만 학년이 올라갈수록 신경 써야 할 과목은 급격하게 늘어난다. 고등학생이 되면 기초 과목인 국어, 영어, 수학, 한국사 외에 사회, 과학의 탐구 영역, 제2외국어까지 해야 한다. 한 과목의 시험 범위만 해도 어마어마하다. 공부하려고 마음먹고 의자에 앉아도 어떤 과목부터 펼쳐 들어야 할지 난감할 때가 많다.

성적이 급상승한 학생들은 처음 그 엄청난 공부 양이 주는 압박을 어떻게 이겨냈을까? 어디서부터 공부를 시작하여 전체 교과를 완전히 장악할 수 있게 되었을까? 성적 역전왕들의 공부법을 연구한 학습 전문가는 '첫 번째 도미노를 찾아서 쓰러뜨리라'고 조언한다. 지금 당장 성적을 올리기 위해 내가 할 수 있는 한 가지, 그게 첫 번째 도미노다.

단기간에 성적이 고속으로 상승한 학생들을 인터뷰한 결과, 그들은 '어디서부터 뭘 해야 하지?'라는 막막한 상태에 마냥 머무르지 않았다. 결과에 대한 집착은 내려놓고 먼저 한 가지에 단순하게 집중했다. 그렇게 하나의 도미노를 찾아서 쓰러뜨리는 일을 매일 반복하자 나머지 결과는 자연히 따라왔다.

공부를 잘하려면 먼저 '선순환의 고리'를 만드는 작업이 반드시 필요하다.

'내가 잘할 수 있다'는 전제조건이 없다면 누구라도 공부에 매달릴 수 없다. 사실 많은 학생들이 전 과목에서 모두 좋은 성적을 받기는 힘들다. 그렇기에 단 한 과목이라도 '이 정도면 할 만하다'라고 느낄 만한 성적을 받아보는 것이 중요하다. 그때의 성취감이 새로운 의욕으로 이어져 선순환의 고리를 만들고 '해볼 만한' 영역이 점차 확장되는 것이다.

역전왕의 HOW TO
단 한 문제의
성공을 경험하라

'게임 만렙' 경업 군의 첫 번째 도미노는 수학이었다. 1학년 1학기에 교실 분위기를 살펴보니 공부 좀 한다는 애들은 내신 공부를 거의 하지 않았다. 학원에서 이미 저만큼 앞선 진도를 나가고 있으니 내신 대신 수능 대비를 하는 모습이었다.

그래서 경업 군은 여름방학을 투자해 내신을 올려보자고 생각했다. 시간을 가장 많이 잡아먹는 과목은 아무래도 수학일 듯해서 수학을 택했다. 다행히 다른 과목과 달리 수학은 조금이라도 끄적거릴 만한 것들이 눈에 보였다. 어렸을 때 엄마에게 혼나 가며 급하게 연산 학습지 숙제를 하던 훈련 덕분에 인수분해 정도는 암산으로 할 수 있었다. 그 작은 연결고리를 붙들고 거기서부터 공부를 시작했다.

유튜브를 검색해 가장 재미있어 보이는 수학 인강 강사를 택한 뒤 엄마에게 '인강 딱 하나만 끊어달라'고 부탁했다. 도착한 인강 교재를 열어보았는데 풀리는 문제가 하나도 없었다. 배우지 않은 내용이니 당연히 그럴 수밖에 없었다.

그래서 선택한 방법이 '인강 쪼개 듣기'였다. 한 시간짜리 긴 강의를 처음부터 끝까지 듣지 않고 20분, 10분씩 나누어서 집중해 들었다. 신기하게도 하나를 들으면 딱 하나만큼 문제가 풀렸다. 게임할 때 어려운 퀘스트를 이런저런 전략을 동원해 클리어했을 때의 쾌감과 다르지 않았다.

그렇게 하나의 문제를 풀어낸 경험을 하고 나니 시험을 대하는 자세부터가 달라졌다. 내가 공부한 '이만큼'의 내용이 받아든 시험지 속 어딘가에 분명히 있으리라 생각하니 의욕이 생겼다. 내가 들인 노력이 있는데, 그걸 안 풀고 넘어간다는 건 이만저만 손해가 아니라는 느낌이었다. 그때부터는 문제를 찬찬히 보게 되고 아는 건 기꺼이 풀게 되었다.

'거기서부터가 사실 시작'이라고 경업 군은 강조해서 말한다.

경업 군이 느낀 것은 수학이 생각처럼 두뇌를 요구하는 과목이 아니라는 사실이다. 얼마만큼 들고 얼마만큼 풀어보았느냐가 실력으로, 그리고 성적으로 고스란히 직결된다는 것을 체험했다. 절대적인 범위라는 것이 정해져 있기 때문에 그 범위 내에서 소화해야 하는 공부 양을 하나하나 채워나갔을 때 1등급은 자연히 따라왔다. 상위권 친구들이 수능 공부를 할 때 경업 군은 당장의 내신에 해당하는 작은 범위에만 집중한 것이 결과적으로 절묘한 한 수가 되었다.

난생처음 시도해본 선행학습의 결과는 성공적이었다. 여름방학 때 2학기 수학을 절반 이상 끝내고 학교로 돌아가 보니 수업이 너무 쉬웠다. 수학 문제를 다 풀어도 시간이 남아 다른 과목에도 슬슬 눈을 돌릴 수 있었다. 그래서 야자 시간에는 과학 공부를 시작했다. 2학기 때 수학 성적은 전교 1등으로 우뚝 올라섰고 과학도 2등급으로 상승했다. 그렇게 수학이라는 한 과목에서 시작된 상승 그래프는 전체 과목으로 이어졌고 졸업할 때까지 전체 내신을 1점대 초반으로 끌어올릴 수 있었다.

"단 한 문제라도 '내 힘으로 못 풀었던 건데 풀리네'를 경험해보세요. 그게 재미있다면 희망이 있는 겁니다."

잘했을 때 가장 인정받는 과목이 수학이라는 사실도 경업 군의 타고난 승부욕을 자극했다. 경업 군은 선순환의 고리를 본능적으로 알고 있었고 스스로 하나하나 만들어나갔다. 도미노 하나를 쓰러뜨리니 그 뒤의 도미노는 알아서 쓰러졌다.

역전왕의 HOW TO
쉬운 부분부터 다져나가기

'김연아 키즈' 예은 양은 대표적인 수포자였다. 다른 과목은 공부하기 어렵지 않았지만 수학은 예외였다. 고3 모의고사 등급이 4등급이었다. 수학은 1등급 아니면 적어도 2등급은 돼야 '인서울'이 보장됐다. 당연히 스트레스도 엄청났다. 수학 공부를 하겠다고 의자에 앉았는데 입에서는 한숨이 나왔다. 막막한 마음에 펜을 손에 든 채로 눈물을 뚝뚝 흘린 적도 있다.

원하는 대학에 가려면 수학을 포기할 수는 없었다. 원래는 문제집을 한꺼번에 여러 권씩 사는 습관이 있었는데, 지금 당장 풀 수 있는 만큼만 해보자고 마음을 먹었다. 처음엔 진도가 잘 나가지 않았던 문제집이 어느 날 20퍼센트 풀리고 또 어느 날 40퍼센트 풀렸다. 한 권을 다 끝내고 나면 새로운 문제집을 또 한 권 사서 그 과정을 반복했다. 그 노력이 쌓이고 쌓여 결국 수학 100점이라는 성적을 달성했다.

예은 양은 공부를 할수록 피겨스케이트와 닮았다고 생각한다. 중간, 기말고사나 수능에서 한꺼번에 여러 과목의 시험을 치르는 것처럼, 피겨 대회에 나가면 한 프로그램 안에서 일곱 개 정도의 기술을 연속으로 수행하게 된다. 앞에서 실수가 나오면 심리적으로 흔들려 뒷부분까지 영향을 미치는 경우가 많다. 그렇기에 처음부터 프로그램 전체를 완벽하게 해내려고 하기보다 그저 지금 해야 할 기술에 매순간 집중하고 최선을 다하는 태도가 중요하다.

만약 기술별로 취약한 부분이 있다면 반복적인 연습으로 개선해나가는 것만이 방법이다. 스핀이 불안정하다면 도입부의 자세를 교정해서 스핀 전체의 질을 높이는 식으로, 기술 하나하나를 다져나간 끝에 전체적으로 좋은 경기를 펼치게 되는 것이다.

경엽 군이 강한 승부욕으로 게임을 클리어하듯이 수학에 뛰어들었다면, 예은 양은 좀처럼 해내기 어려운 기술을 연마하듯 수학에 접근했다. 두 사람의 공통점은 모두 '지금 당장 할 수 있는 한 가지'부터 시작했다는 것이다.

역전왕의 HOW TO
한 권을 완벽하게 마스터하는 것이 공부의 시작

의대생 김현수 군은 공부를 어떻게 해야 할지 막막할수록 부수적인 공부법에는 신경 쓰지 말라고 조언한다. 반에서 1, 2등 하는 친구들이 오답 노트를 만든다거나 타이머로 시간을 재가며 공부한다고 해서 그런 공부법부터 흉내 내는 경우가 많은데 이는 사실 공부의 본질과 상관없는 일이다. 그럴 시간에 나에게 맞는 개념서 한 권을 처음부터 끝까지 풀어보는 것이 훨씬 효율적이다.

어떤 책이든, 어떤 방식이든 상관없다. '이 책 한 권만큼은 내가 마스터했다'라고 말할 수 있을 만큼 완전히 끝내놓으면 거기서부터 공부의 첫 번째 도미노가 쓰러진다. 중요한 사실은 그 한 권을 끝까지 마무리하는 과정에서 자연스레 자기만의 공부법에 틀이 갖추어진다는 것이다. 나는 어떻게 공부할 때 이해가 더 잘되는지, 공부한 내용이 더 명확히 각인되는지를 스스로 알 수 있게 된다.

"공부의 본질은 누구에게나 같습니다. 저마다 자기에게 부족한 곳을 채워나가는 거죠. 그래서 일단 부딪혀봐야 합니다. 고민할 시간에 그냥 교재를 한 권 사서 처음부터 풀어보세요. 느슨하게 말고, 빈틈없이 꼼꼼하게 푸는 겁니다. 적어도 이 책에 나온 개념과 문제들은 내가 전부 다 안다 싶을 정도로요. 그렇게 부딪혀봐야 길이 보이고 자기만의 공부법이 생깁니다. 그때부터 남들의 조언도 조금씩 더할 수 있게 되는 거죠."

270일 만에 성적을 바닥에서부터 최상위권으로 끌어올린 현수 군의 조언이다.

'첫 번째 도미노'를 어떻게 쓰러뜨릴까?

1. 전체를 잘게 쪼개어 하나씩 해결해나가 보자.

2. 어려운 문제는 놔두고 지금 당장 풀 수 있는 것부터 시작하자.

3. 완벽하게 마스터한 개념서 한 권을 만들어놓자.

기본으로 돌아가는 것을
두려워하지 말자

성적이 급상승한 학생들을 인터뷰한 학습 전문가에 따르면, 공부 잘하는 학생들의 특징 중 하나가 '결과에 집착하지 않는 것'이라고 설명한다. 결과는 어차피 자신이 컨트롤 수 없는 것이라고 생각하기 때문이다. 스스로 컨트롤할 수 있는 것은 오로지 '이 순간에 자기가 하는 것'뿐이라는 사고방식을 이들은 보여준다.

결과에 연연하는 것은 오히려 성적이 잘 나오지 않는 학생들인 경우가 많다. 등수에 집착할 때 가장 큰 문제는, 노력의 질 자체를 끌어올리는 데는 관심을 두지 않게 된다는 것이다. 이럴 때

꼼수를 부리거나 커닝을 해서라도 등수를 올리려 한다.

나보다 앞선 친구들에 초점을 맞추고 나와 자꾸 비교하면 마음은 점점 조급해진다. 나도 최상위 레벨 문제집을 풀어야 할 것 같고, 영어 원서 정도는 줄줄 읽어야 할 것만 같다. 하지만 공부의 발화점을 통과한 성적 역전왕들은 입을 모아 말한다. 기본으로 돌아가는 것을 두려워하지 말라고. 내가 결과를 만들어가는 과정 하나하나에 집중하라고 말이다. 기본기가 확실하지 않은데 앞으로 나아가면 작은 돌부리에도 넘어질 수 있다. 돌아가는 것은 늦는 것이 아니라 더 완전하게 달릴 수 있는 방법이다.

역전왕의 HOW TO
난이도를 오르내리는 '번갈아 공부법'

외고에서 '빨간 펜 공부법'을 전파했던 영준 군의 재미있는 일화가 또 하나 있다. 1학년 때 영준 군이 문제집을 들고서 수학 선생님에게 질문을 하고 있었다. 복도를 지나가던 친구가 슬쩍 들여다보니 EBS 문제집 중에서도 아주 기본적인 문제를 묻고 있었다. 당시 외고 친구들이 주로 풀던 수학 문제집은 '블랙라벨', '최상위', 'A급', '일품' 등 이름만으로도 '최고 난이도'의 느낌을

풍기는 것들이었으니, 의아할 만도 했을 것이다.

사실 영준 군도 처음에는 다른 친구들이 푸는 어려운 문제집을 따라서 사본 적이 있다. 하지만 기본이 안 잡혀 있는 상태에서 난이도 높은 문제들이 풀릴 리 없었다. 답지를 들춰가며 문제집을 붙들고 있어봤자 실력이 느는 것 같지 않았다. 누구보다 열심히 하는데도 모의고사에 이어 중간고사까지, 수학 성적은 한동안 제자리걸음이었다. 그래서 선택한 방법이 처음으로 돌아가 개념서부터 시작하자는 것이었다.

그때부터 영준 군은 수학 문제집을 가방에 여러 권 넣고 다니면서 단계별로 공부하기 시작했다. 어떤 수학 문제집이든 그 안에는 1단계, 2단계, 3단계 또는 A단계, B단계, C단계로 나름의 단계가 분류되어 있다. 개념 원리를 다룬 기본서의 경우 1단계까지는 누구든 쉽게 풀 수 있다. 2단계쯤 가서 어려워진다 싶으면 거기서 멈춘다. 그리고 기본서보다 조금 더 높은 수준의 응용서로 옮겨가서 처음부터 풀어본다. 이 문제집 역시 2단계나 3단계가 되면 막힌다. 그럼 다시 처음의 기본서로 돌아가서 이전에 못 풀었던 문제를 풀어보는 것이다. 아마도 막혔던 문제가 이제는 쉽게 풀리는 경험을 하게 될 것이다. 기본서의 마지막 단계까지 풀었다면 중간 수준 교재의 못 풀었던 문제로 돌아가고, 거기서 다시 막히면 최고 수준 교재의 1단계로 넘어간다.

정리하자면 쉬운 문제집의 높은 단계와 어려운 문제집의 쉬운 단계를 번갈아가며 공부하는 방식이다. 영준 군의 단계별 공부 법은 효과가 있었다. 1학년 3월 모의고사 때 5등급으로 시작한 수학은 2학년 3월 모의고사 때 1등급으로 올라섰고, 2학년 11월 모의고사 때는 드디어 수학 100점을 맞았다. 수능 시험장에 들어설 때, 가장 힘들었던 수학과 영어는 가장 자신 있는 과목이 되어 있었다.

역전왕의 HOW TO
기초 단계를 탄탄히 다져야 심화 단계에서 속도가 난다

'김연아 키즈' 예은 양이 영어 문법을 공부했던 방법도 영준 군의 방식과 비슷했다. 영어 중에서도 특히 문법에 약했던 예은 양은 중학교 문법책부터 먼저 샀다. 중학생용 주니어 문법책이든 고등학생용 문법책이든 체계는 같아서 모두 기초, 기본, 심화 단계로 각각 나뉘어 있다. 예은 양은 기초 단계부터 시작해 단계를 서서히 높여나가는 식으로 문법을 반복해 공부했다.

고등학교 문법책은 중학교 문법책의 연장선에 있다. 전혀 다른 내용이 들어가지는 않는다. 중학교 때의 내용이 조금 더 심화될 뿐이다. 그래서 이전에 공부한 것에 조금씩 살을 덧붙인다는 생각으로 단계를 밟아나가 문법의 기본기를 확실히 다질 수 있었다. 똑같은 내용을 다른 각도에서 반복하여 공부하다 보니 머릿속에 체계가 분명히 자리 잡혔다.

한번 쌓인 기초는 쉽게 무너지지 않는다. 자전거를 처음 배울 때 수십 번, 수백 번 반복해 연습하다 보면 누가 뒤에서 잡아주지 않아도 혼자 탈 수 있게 되는 것과 마찬가지다. 그때부터는 가고 싶었던 길을 마음대로 갈 수 있다. 공부도 마찬가지로 일정한 궤도에 올라서기 위해서는 탄탄한 기초가 필요하다. 기초를 닦는 중요한 작업을 소홀히 하거나 무시해서는 결코 다음 단계로 나아갈 수 없다.

남다른 승부욕을 자랑하는 경업 군의 경우 "뭐든 이기는 게 좋다"고 말하지만 공부만큼은 남들을 이기기 위해서 하지 않았다. 처음 공부를 하겠다고 마음먹었을 때 친한 친구들은 이미 너무 앞서 나가 있었기에 경쟁 상대라는 욕심조차 생기지 않았다.

경업 군의 경쟁 상대는 단순히 눈앞의 문제 하나였다. 학교에서 받아든 문제를 스스로 풀지 못한다는 사실이 화가 났고, 어떻게든 그 문제를 이겨야겠다고 생각했다. 게임에서처럼 하나의 문제를 해결하고 조금 더 어려운 그 다음 스테이지로 나아가는 데 몰입했다. 경업 군은 '작은 성공'을 자주 이뤄보라고 조언한다. 성공의 크기는 작더라도 그 뒤에 따라오는 성취감은 결코 작지 않기 때문이다. 그 성취감이 쌓이다가 어느 순간 공부에 자신감이 붙는다. 그때는 욕심도 커져서 자신 없던 과목에까지 도전할 수 있는 용기가 생긴다. 그렇게 커진 욕심에 맞추어 또 그만큼의 성공을 만들어내는 것이 경업 군이 말하는 공부의 비결이다.

🔥 공부의 기초를 탄탄히 쌓는 방법은?

1. 기본서를 친구처럼 가까이 두고 수시로 돌아가서 들여다보기.
2. 기초부터 시작해 조금씩 살을 덧대나간다고 생각하자.
3. 작은 성취감이 쌓이면 어느 순간 어려운 도전도 겁내지 않게 된다.

역전왕들이
입 모아 말하는 '피드백'

성적 역전왕들을 인터뷰한 전문가의 말에 따르면, 인터뷰 대상 서른 명 모두 굉장히 자주 사용하는 단어가 하나 있었다고 한다. 바로 '피드백'이다.

공부를 잘하는 학생들은 앞만 보고 달려가지 않는다. 지나온 길을 되돌아보면서 제대로 된 방향으로 가고 있는지를 수시로 자문한다. 적절한 피드백이란 다른 말로 '자기객관화 능력'이라 할 수 있다. 내가 무엇이 부족한지, 부족한 것을 메우기 위해 어떤 해결책이 가장 효과적이고 효율적인지를 파악하는 것이다.

열심히 하는데도 성적이 안 나오는 학생들은 흔히 '인풋'이 넘치는 경우가 많다. 학교에서도 학원에서도, 혼자 공부를 할 때도 쉬지 않고 머릿속에 공부한 내용을 집어넣는다. 그런데 효율적으로 공부하는 학생들은 집어넣는 작업만큼이나 꺼내는 작업에 시간을 할애한다. 예를 들어 50분을 공부했다면 10분 정도는 반드시 그 내용을 확인하고 넘어간다. 노트에다 지금껏 공부한 내용을 써본다거나, 아니면 머릿속으로 하나하나 찬찬히 되짚어보기도 한다.

머릿속에 집어넣은 지식을 얼마만큼 완전한 형태로 꺼내서 사용할 수 있는가가 곧 공부의 질을 좌우한다. 완벽한 형태로 꺼내 쓸 수 있다면 적어도 내신 시험에서는 관련된 문제를 틀릴 일이 없다.

이들이 한결같이 하는 이야기는 '문제집은 틀리기 위해서 푼다'는 것이다. 문제를 푼다는 것은 내 공부의 구멍을 찾아내고 점검하는 것이 목적이다. 그 구멍을 꼼꼼히 메웠을 때 지식은 완전해진다.

한 학생은 고등학교에 올라가 첫 시험을 꽤 잘 봤다. 원래 실력이 그리 뛰어나진 않았는데, 친구들이 자꾸 이런저런 문제를 들고 와서 질문을 하곤 했다. 아는 범위 내에서 친구들에게 설명을 해주다 보니 공부한 내용이 저절로 정리가 되기 시작했다. 설명을 계속할수록 온전히 자기 실력으로 쌓였고 그 결과 성적이 급격히 상승했다. 남이 쉽게 알아들을 수 있을 만큼 무언가를 설명할 수 있다는 것은 이미 그 지식이 머릿속에 체계적이고 정확하게 자리잡았다는 이야기다.

역전왕의 HOW TO
모르는 것과 아는 것을 철저히 구분하라

난독증을 이겨낸 서울대생 은지 양도 정확히 같은 이야기를 들려준다.

"저는 단순히 답을 맞히기 위해서 공부를 하지 않았어요. 누구에게나 합당하게 설명을 해줄 수 있을 때까지 스스로 질의응답을 하면서 공부했습니다."

은지 양은 자신의 공부 습관을 이렇게 한마디로 표현한다.

"모르는 것과 아는 것을 구분하는 것을 습관화했어요. 그 외에 특별한 공부법은 없었습니다. 국영수 모든 과목에 공통된 방법이에요."

선행학습을 하지 않은 은지 양은 학교 진도에 맞추어 일정한 범위만큼씩 완벽히 소화하는 것에 중점을 두었다. 언제나 수업이 끝나고 나면 모르는 부분을 포스트잇이나 형광펜 등으로 확실히 표시를 해두었다. 그리고 저녁 자습시간에 그것을 분류하는 작업부터 했다. 스스로 해결할 수 있는 부분과 선생님에게 여쭤봐야 할 부분을 일차로 구분한 뒤, 모르는 문제는 선생님을 통해 반드시 해소하고 넘어갔다.

고등학교 2학년 때 영어 선생님은 그런 피드백에 최적화된 분이었다. '질문하고 싶은 게 있으면 포스트잇에 써서 교무실 앞 상자에 넣어놓으라'고 하셨는데 은지 양에게는 더 없이 좋은 기회였다. 한 번에 40~50장 가까운 포스트잇을 상자에 넣기도 했다. 선생님은 "교사 생활 하면서 너 같은 애는 처음 본다"고 하면서도 모든 질문에 기꺼이 답을 해주셨다.

외고 영준 군 역시 선생님을 활용한 피드백이 일상화된 경우였다. 모르는 부분이 생길 때마다 수첩에 정리를 해놓고 다섯 개 정도가 모이면 어김없이 선생님을 찾아갔다. 특히 시험 기간 때는 교무실을 수시로 들락거리곤 했다. 워낙에 자주 찾아오다 보니 선생님들도 영준 군이 오면 자연스럽게 질문에 답할 태세를 갖추곤 하셨다.

고등학생이 되면 많은 학생들이 조바심을 느끼기 시작한다. 공부해야 할 양도 많아지고 난이도도 상승하기 때문이다. 더 많이, 더 빨리 공부해서 진도를 최대한 나가야 할 것 같은 생각에 시달린다. 하지만 피드백이 없다면 공부한 내용이 모두 다 내 것이 되지 못한다.

공부란 채우는 것 이상으로 가려내는 것 또한 중요하다. 나에게 정말 필요한 것, 나에게 도움이 되는 것, 우선순위의 최상단에 있는 것부터 집중해야 한다. 그래서 여러 권의 책을 피드백 없이 줄줄 읽는 것보다 한 권의 책을 밀도 있게 여러 번 반복해서 보는 것이 공부에 훨씬 도움이 된다. 이는 공부 잘하는 학생들의 공통된 의견이다.

머릿속에 그래프를 하나 떠올려보라. 가로축은 공부의 진도, 세로축은 공부의 밀도를 나타낸다. 대부분의 학생들은 가로축의 진도에만 관심이 있다. 하지만 성적이 오르기 위해서는 밀도도 함께 깊어져야 한다. 가로로만 길어진 그래프는 면적이 거의 커지지 않는다. 공부의 면적이 최대화되려면 진도와 밀도가 모두 양끝의 최댓값에 도달해야 한다.

역전왕의 HOW TO

공부란 끝없는 '구멍 찾기'의 연속

의대생 현수 군은 '공부의 본질은 자신의 부족한 점을 찾아서 보완해나가는 것'이라고 말한다. 일명 '구멍 찾기'다. 특히 수험생은 그 구멍 찾기를 열심히 해야 한다고 강조한다. 안 풀리는 문제를 만났다는 건 구멍 난 곳을 보완할 좋은 기회다. 앞으로 똑같은 문제나 응용된 문제를 맞닥뜨리더라도 다시 틀리지 않을 만큼 확실하게 구멍을 메우고 넘어가야 한다. 그렇게 구멍을 하나하나 찾아서 메워나가는 것이 공부의 전부라고 현수 군은 말한다.

현수 군의 경우 월요일부터 금요일까지는 공부를 통해 모르는 부분을 찾아내고 주말 이틀 동안에 그 부분을 보완하는 습관을 들였다. 그렇게 주말을 보내고 나면 그전 월요일과는 완전히 다른 상태로 새로운 월요일을 맞이할 수 있다. '문제를 맞기만 하면 실력이 쌓이지 않는다'고 현수 군은 이야기한다. 기존의 지식을 강화하는데 시간을 많이 들여야 한다는 것이다.

물론 이런 피드백의 과정은 쉽지 않다. 수능 만점 영준 군도 공부할 때 가장 하기 싫은 것이 바로 시험 끝나고서 틀린 문제를 점검하는 일이었다고 말한다.

"사실 틀린 문제는 쳐다도 보기 싫죠. 또 답지가 바로 옆에 있으니까 대충 확인만 하고 넘어가자 하는 유혹이 생기기도 해요. 그런데 이걸 미루고 미루다 보면 어느새 졸업이에요. 그래서 미루지 말고 그때그때 최대한 약점을 찾으려는 노력을 하는 게 중요합니다."

약점을 찾으려는 노력이 이어져 곧 강점이 된다는 것을 잊지 말라고 영준 군은 조언한다.

수능 만점자들을 인터뷰한 학습 전문가는 이들의 문제 풀이 방식에서 독특한 공통점을 발견했다. 객관식 오지선다형 문제를 풀 경우, 정답이 아닌 네 개의 보기까지 확인을 하고 넘어간다는 것이다. 그것들은 왜 답이 아닌지, 그것을 보기에 넣은 출제자의 의도는 무엇인지를 파악하기 위해서다. 남들이 한 문제를 풀 때 이들은 다섯 문제를 푸는 셈이다. 똑같은 문제집을 풀어도 공부의 깊이와 효율에 차이가 날 수밖에 없다.

수능이라는 것은 출제 범위가 정해져 있다. 그리고 나올 수 있는 문제의 유형도 정해져 있다. 다시 말하면, 이번에 틀린 것만 확실하게 정복하면 다음 시험에서는 틀릴 문제가 그만큼 줄어든다는 것이다. 처음에는 '틀릴 확률'이 상당히 높을 수밖에 없다. 그 확률을 단번에 전체적으로 줄이기는 힘들다. 정확환 피드백을 통해 매번 조금씩 틀릴 확률을 줄여나가다 보면 어느 날 0퍼센트에 도달하는 날이 찾아온다.

문제가 안 풀릴 때 쉽게 정답을 확인하고 대충 넘어간다면 다음 시험에서 똑같은 실수를 반복하고 원점으로 돌아오게 된다. 수능 만점자들의 특징은 그런 실수를 반복하지 않기 위해 한 문제를 틀렸을 때 집요하게 물고 늘어졌다는 것이다. 오류가 나지 않을 때까지 똑같은 문제를 두 번, 세 번씩 반복하기도 한다. 심한 경우 한 문제에 별표를 일곱 번까지 쳤다는 학생도 있었다. 일곱 번을 반복하고 여덟 번째 풀었을 때 더 이상은 별표를 치지 않았다.

영준 군은 '수학 문제는 답지를 보면 문제 하나를 버리는 것'이라고 표현한다. 속도감 있게 공부했던 다른 과목들과 달리 수학의 경우 한 문제로 두 시간씩 고민을 하기도 했다. 가장 오래 고민했던 미적분 문제는 모의고사 기출문제였다. 반에서 수학을 잘하는 친구와 머리를 맞대고 접근 방법을 고민해보기도 했지만 당장 답을 구할 수 없었다. 하루에 두 시간씩 거의 열흘 동안을 이 문제와 씨름한 끝에 결국 답을 구했고 당장 친구에게 달려가 기쁜 소식을 알렸다.

바쁜 수험 기간에 시간을 너무 낭비하는 것 아니냐고 할 수도 있겠지만, 공부의 밀도가 발휘하는 위력은 그만큼 강하다는 것을 기억해야 한다.

역전왕의 HOW TO
모의고사를 피드백의 발판으로 활용하기

고3 8.5등급에서 시작해 연세대에 합격한 혜윤 군 역시 피드백이라면 타의 추종을 불허한다. 혜윤 군은 특히 모의고사를 피드백에 요긴하게 활용했다. 집에 가면 오래전에 치른 모의고사 시험지가 차곡차곡 정갈하게 쌓여 있다. 혜윤 군은 모의고사 시험지를 어떻게 활용했을까?

우선 모의고사 시험지는 버리지 않고 계속 모은다. 보통 모의고사가 끝나면 홀가분한 마음에 시험지를 다 치우거나 버리곤

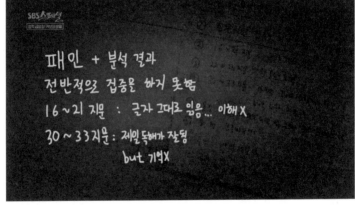

　　　　　　　　2장 꼴찌들이 성적을 단기간에 끌어올린 공부법

하는데 혜윤 군은 보물 다루듯이 시험지를 아꼈다. 이 시험지들을 모아서 한눈에 펼쳐보면 어떤 흐름이 보인다. 예를 들어 역사 과목이면 중요한 키워드가 눈에 들어온다. 수많은 글자들 속에서 정답을 꼽으라고 할 때 선택해야 할 단어가 바로 키워드다. 그런 키워드들은 빨간색으로 따로 표시를 해둔다.

때로는 지문 자체가 까다로운 경우도 있다. 그럴 때는 지문이 어떤 키워드와 연관되는지, 지문을 이해하기 위해 알아야 할 배경지식은 무엇인지까지 꼼꼼히 확인하고 표시를 했다. 혜윤 군은 시험을 다 보고 나서 복습할 때 이 작업을 빼놓지 않았다. 이 문제가 수능에도 똑같이 나올 수도 있다고 생각하면 문제 하나하나를 허투루 볼 수 없었다.

수학 문제는 두 종류의 형광펜으로 표시를 했다. 하나는 틀린 문제, 또 하나는 맞긴 했지만 풀이에 애매한 부분이 있어서 검토가 필요한 경우다. 이렇게 표시를 해놓으면 복습 시 효과가 배가된다. 한 번 풀었던 문제집이나 시험지를 다시 훑어보려고 펼쳤을 때 어디부터 보아야 할지 정확히 안내해주기 때문이다.

구체적인 방식은 중요하지 않다. 틀린 문제에 형광펜으로 밑줄을 긋든, 따로 메모를 하든 본인에게 맞는 방법을 찾으면 된다. 모의고사 시험지를 보관할 때도 묶어서 보관하든 책의 형태로 파일을 만들든 자유다. 하지만 모의고사를 피드백의 발판으로 삼는 습관만큼은 모든 수험생에게 필요하다.

역전왕의 HOW TO
단순한 오답 체크가 아닌
의식적인 피드백을 하라

모의고사는 말 그대로 실제 시험을 대비해서 보는 가상의 시험이다. 가상의 시험이라고 해도 시험은 실제로 이루어진다. 전교 등수가 몇 등인지, 어떤 과목의 점수가 떨어졌는지 시험 한 번으로 알 수 있다. 모의고사가 몇 번 반복되면 자신의 성적 동향도 파악할 수 있다.

그래서 모의고사 시험지는 다음 단계의 공부를 향한 바로미터가 된다. 시험지를 검토할 때 중요한 것은 답을 몇 개 맞았고 몇 개 틀렸는지가 아니다. 다음번에 비슷한 문제가 나온다면 어떻게 대처할 것인지 미리 체험하고 훈련하는 것이 핵심이다. 기계적인 오답 체크가 아닌 의식적인 피드백을 하라는 이야기다.

외고 송영준 군은 특히 국어를 공부할 때 모의고사를 요긴하게 활용했다.

국어 과목은 크게 화작, 문법, 비문학, 문학 파트로 나뉜다. 모의고사를 치러보면 그중에서 자신이 가장 빨리 끝낼 수 있는 파트가 보인다. 그것을 찾는 것이 피드백의 시작이다. 국어는 시간 배분이 상당히 중요한 과목이다. 80분 동안 45문제를 풀어야 한다고 할 때 한 문제당 2분씩만 잡아도 시간을 초과한다. 그래서 가장 자신 있는 파트를 선택해 여기에서 시간을 최대한 줄이는 것을 관건으로 삼았다. 그래야만 상대적으로 어려운 파트에 시간을 더 안배할 수 있기 때문이다.

영준 군의 경우는 화작이 가장 쉬웠기에 화작을 집중 공략했다. 화작문 파트인 15번까지 20분 내로 푸는 것을 목표로 했고, 가장 약했던 비문학의 경우 한 지문당 10분을 안배했다. 문법 파트의 경우는 모의고사를 볼 때부터 최대한 빨리 풀고 넘어갈 수 있도록 노력했다. 그래야 비문학에 쏟을 시간을 더 벌 수 있기 때문이다.

문법은 개념 자체가 크게 어렵지는 않으나 세세한 부분에서 실수를 하기 쉽다. 그래서 모의고사를 풀 때 문법 문제가 쉽다 하더라도 각 단어가 동사인지 형용사인지, 이 발음은 '니은 첨가 현상'인지 '리을 유음화 현상'인지를 의식적으로 찾는 습관을 들였다.

이 연습을 제대로 해놓는다면 수능 시험장에서 적어도 '이게 아닌 것 같은데? 내가 제대로 푼 게 맞나?'하는 혼란에 빠질 걱정은 없다. 만약 수능을 치르다 말고 그렇게 스스로를 의심하기 시작하면 그때부터는 시험 전체의 흐름이 흔들리고 만다. 영준 군은 그것이야말로 '최악의 시나리오'라고 경고한다.

평소 모의고사를 통해 꾸준히 자신의 강점과 약점을 확인하고, 구멍을 차근차근 찾아 메우고, 실전과 연결 짓는 훈련을 반복한다면 실제 수능 시험에서 자기 스스로를 믿고 안정적으로 임할 수 있다.

피드백의 제왕이 되는 법

1. 모르는 것과 아는 것을 철저히 구분하는 습관을 들이라. 모르는 문제는 누구에게든 설명해줄 수 있는 수준에 도달할 때까지 파고들자.
2. 똑같은 문제를 풀어도 얼마나 밀도 있게 풀었느냐에 실력이 좌우된다.
3. 모의고사는 내 공부의 구멍을 찾는 가장 중요한 도구. 적극적으로 활용하자.

공부를 처음 시작할 때는 무조건 계획을 세우라

성적이 잘 나오는 학생들은 전략적 선택에 뛰어나다. 최종적으로 도착해야 할 목적지를 생각할 때 지금 뭘 해야 가장 효율적인지, 상대적으로 덜 중요한 것은 무엇인지 우선순위를 명확히 설정한다. 반면에 성적이 오르지 않는다고 고민하는 학생들은 공부에서 '선택을 해야 한다'는 인식 자체가 희미한 경우가 많다. 현재로서 가장 가성비 높은 선택지가 무엇인지를 고민하지 않는 것이다. 그저 책을 쌓아놓고 손에 잡히는 대로 공부를 하다가 시간이 부족하면 그 시점에 책을 덮는다. 내가 무엇을 놓쳤는지,

목적지까지는 얼마나 남았는지는 굳이 생각하려 하지 않는다.

그러나 공부는 '선택의 미학'이라 해도 과언이 아니다. 현재 어떤 위치에 있든, 최종적으로 이루고 싶은 상태에서부터 구체적으로 생각을 시작하는 것이 필요하다. 그 목표와 내 현실 사이의 갭이 어느 정도인지 파악한 다음 그 갭을 아주 잘게 쪼개는 작업을 해야 한다. 만약 목표와의 간격이 100점이라면 1점 단위로 쪼개서, 1점을 올리기 위해 무엇을 해야 하는지 계획을 세우는 것이다. 1점을 위한 선택 하나하나가 이어져 결국 목표에 도달할 수 있다. '열심히 하다 보면 언젠가는 100점이 오르겠지'라고 막연히 생각한다면 능률이 떨어질 수밖에 없다.

발화점을 통과해 원하는 목표까지 내달린 학생들은 모두 치밀한 계획을 바탕으로 했다. 순간순간을 흔들림 없이 붙들어주는 구체적 계획이 없었다면 그처럼 곧은길을 전속력으로 달릴 수 없었을 것이다.

역전왕의 HOW TO

좋은 계획을 세우는 것이 좋은 성적의 첫걸음

"저는 제 재수 생활 270일 중 단 하루를 누구에게 내놓아도 정말 부끄럽지 않습니다. 그 어떤 하루도 말이죠."

의대생 현수 군의 말이다. 현수 군은 굴욕적인 전교 꼴찌 타이틀에서 벗어나 원하는 대학에 합격하기 위해 이를 악물고 재수를 하기로 결심했다. 하지만 현수 군에게 다시 주어진 시간은 고작 9개월, 날짜로는 270일뿐이었다. 바닥부터 다시 일어서기엔 한참 부족한 시간이었다. 이 시간 내에 어떻게든 승부를 보려면 마구잡이식 공부로는 승산이 없을 터였다. 그래서 재수를 결심한 뒤 가장 먼저 한 것은 계획을 짜는 일이었다. 270일 중에서 계획을 세우지 않은 날은 단 하루, 수능 하루 전날뿐이었다.

"저의 성공 요인은 딱 두 가지라고 생각해요. 1번은 좋은 계획을 짰다는 것. 그리고 2번은 그 계획을 완벽히 실천했다는 것. 계획을 잘 못 짜는 학생도 있고, 혹은 계획은 잘 세웠는데 실천을 못하는 경우도 있겠죠. 하지만 이 두 가지만 제대로 된다면 누구라도 실패할 일은 없을 거라 생각합니다."

현수 군이 말하는 공부 계획의 기본은 다음과 같다.

① 시간 단위가 아닌 분량 단위로 계획을 세우라

초등학교 때 방학 생활계획표를 그리듯, 시간 단위로 계획을 세우는 학생들이 있다. '점심시간에는 영어, 야자 시간에는 수학' 하는 식이다. 하지만 이렇게 계획을 세우면 하루에도 여러 번 발생하는 변수에 대처하기가 힘들다. 만약 점심시간에 선생님이 불러서 공부할 틈이 없었다면 계획했던 영어 과목에 구멍이 생기고 만다. 혹은 수학 문제가 생각보다 너무 어려워서 몇 문제 풀지도 못하고 수학 공부를 마쳐야 할 수도 있다. 그런 변수에 대비하기 위해 무조건 분량 단위로 계획을 세우라고 현수 군은 조언한다.

❷ 큰 그림을 먼저 그리고 좁혀나가라

현수 군은 2014년 2월 16일에 기숙학원에 입소하고 재수를 시작했다. 현수 군의 플래너에는 2월 17일부터 그해 수능일인 11월 13일까지의 계획이 적혀 있다. 처음부터 자잘한 내용으로 플래너를 꽉꽉 채워 넣다 보면 며칠은 열심히 지킬 수 있어도 어느 순간 흐지부지될 가능성이 크다. 그래서 계획은 몇 달 분량의 큰 그림을 먼저 그리는 것이 좋다.

현수 군의 한 해 계획표를 보면 사실 헐렁해 보인다. 270일 동안의 공부 내용이 두 페이지에 모두 넉넉히 들어갈 정도다.

예를 들면 이렇다.

- **3월** 개념 정리 완료. 수능 특강 끝내기.
- **4월** 수능 특강 반복. 오답 정리 들어가며 개념 완성. 새로운 연계 교재들, 문제집으로 난이도 높이기. 수업 들으며 개념 복습.

- **5월** n제를 전부 시작. 연계과목 말고도 전 과목 다 구입. 그간 공부의 오답들 다 정리해가며 6평 대비.
- **6월** 수능 완성 시작. 아직까지는 시간보다 완성도에 집중.
- **7월** 수능 기출 문제집 풀기 시작.
- **8월** 속도 조절 연습 시작. 시간 재고 문제 풀기 시작. 각종 모의고사식 문제 준비.
- **9월** 모의고사에도 흔들리지 말고 계속 문제 풀기. 오답 조금씩 줄여가기.

큰 그림에는 거창하거나 치밀한 내용을 담을 필요가 없다. 그저 기본적인 내용, 그 즈음에 반드시 마무리하거나 시작해야 할 큰 계획들을 대강의 형태로 담으면 충분하다. 현수 군의 경우 재수 기간 중반 지점인 6월까지는 속도보다 완성도에 중점을 두고, 8월부터 본격적인 속도 조절 연습에 들어가서 9월부터는 오답을 줄여나가며 완성도를 끌어올리자는 계획을 세웠다.

최근 기출문제는 9월 이후에 푸는 것으로 계획했다. 실력이 충분히 쌓이고 나면 문제 파악 능력과 해석 능력, 문제를 보는 깊이에 차원이 달라지기 때문이다. 그때쯤이면 각 문제가 교육과정의 어떤 부분을 물어보는 것인지, 뭘 요구하는지, 그러므로 어떤 방식으로 접근해야 하는지까지 가늠할 수 있다. 최근 기출문제는 가장 핵심적인 문제이니만큼 아껴두었다가 내 지식을 제대로 활용해 풀어보고자 생각했다.

이런 큼직큼직한 공부의 방향은 목적지로 갈 때 중요한 이정표 역할을 한다.

③ 큰 그림과 연결된 세부 계획을 세운다

전체적인 방향과 틀이 잡혔다면 이제 '한 달 계획' 짜기에 들어간다. 달별 계획부터는 한층 구체적인 과목별 공부 내용을 포함한다. 현수 군은 앞선 큰 그림에서 3월에 '수능 특강을 모두 끝낸다'는 계획을 세웠다. 이에 따라 3월 한 달은 재수 학원 수업을 병행하면서 속도감 있게 수능 특강을 마무리하기로 했다. 계획에 따라 총 여덟 권의 특강 교재를 구입했다. 수학 네 권과 국어, 영어, 과학 두 권으로, 흔히들 푸는 EBS 교재를 택했다. 이 여덟 권을 완벽하게 끝내는 것이 3월의 계획이었다.

달별 계획은 자연스럽게 일주일 계획과 하루 계획으로 연결된다. 예를 들어 만약 과학 교재가 전체 8강으로 구성돼 있다면 한 달인 4주 만에 끝내기 위해 1주에 2강을 풀어야 한다는 계산이 나온다. 하루치 공부량은 일주일치 분량을 다시 세분하는 방식으로 정한다.

④ 주말은 구멍 메우기와 오답 확인을 위한 날로 비워둔다

현수 군은 매주 월요일 오전 일주일치 계획을 짜는 것으로 한 주를 시작했다. 국어, 수학, 영어, 각 과목별로 그 주에 몇 단원씩 끝내야 하는지를 계산해 플래너에 적어 넣었다.

만약 그날의 계획을 모두 완수하지 못하면 어떻게 해야 할까? 그 다음날에 밀린 공부량까지 한꺼번에 해치우는 것은 답이 아니라고 생각했다. 수능이란 장기전이기 때문에 전체적으로 안정적인 흐름을 유지해야 하기 때문이다. 어느 하루 밀린 공부를 하기 위해 밤을 새우고 나면 그 다음날의 흐름이 깨지고 만다. 현수 군이 택한 방법은 주말을 비워서 주중에 생긴 구멍을 메우는 시간으로 사용하는 것이었다.

전체 과목 공부를 하루하루 일정한 분량씩 꾸준히 끌고나가는 것은 생각보다 쉬운 일이 아니다. 일주일 중 어느 하루는 스스로 내준 숙제를 다 마치지 못하는 경우가 종종 생기곤 한다. 그렇더

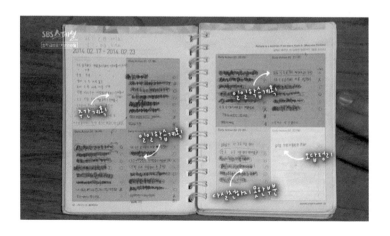

라도 다음날 부담 없이 그날의 공부에만 집중할 수 있도록 토요일을 비워두었다.

일요일 역시 세세한 과목 계획을 세우지 않고 '오답 정리 시간'으로 만들었다. 일주일간 나온 모든 오답을 정리하고 소화하는 시간이다. 현수 군의 경우 금방 문제를 풀고 고친 답은 머릿속에 오래 남지 않았다. 시간이 지나도 잊어버리지 않으려면 문제 풀이 후 오답 정리까지 시간 간격을 두고 한 번 더 확인하는 것이 좋은 방법이라고 생각했다. 한마디로 일요일은 틀린 문제를 확실히 내 지식으로 다지는 시간이었다.

주말 동안 구멍 메우기와 오답 정리까지 모두 마치면 남은 시간은 휴식을 취하자고 계획했지만, 실제로 270일 동안 쉰 날은 하루도 없었다. 그야말로 단 하루도 허투루 보내지 않은 꼼꼼하고 명확한 계획인 셈이다.

처음 계획을 세울 때는 본인의 능력보다 넘치는 계획을 만드는 경우가 많다. 그것이 문제가 되지는 않는다. 큰 그림과 달별 계획, 주간 계획, 하루 계획, 주말 계획 등이 하나의 목표를 향해 체계적으로 잘 짜여 있다면 이 넘치는 계획이 오히려 나를 견인하는 역할을 한다. 내가 만든 계획에 부응하기 위해 쉬는 시간도, 주말도 반납하면서 매달리다 보면 더 큰 잠재력이 발휘되고 어느 순간 예전에는 상상도 못했던 공부량을 소화하게 된다. 그 시간이 차곡차곡 쌓여 마침내 처음 그렸던 큰 그림을 완성하는 날이 분명히 찾아온다.

역전왕의 HOW TO
계획이 탄탄하면
슬럼프가 찾아올 틈이 없다

공부와는 담을 쌓았던 혜윤 군도 공부를 하려고 마음먹은 순간 플래너부터 구입했다. '공부는 계획이 우선'이라는 말을 숱하게 들었기 때문이다. 혜윤 군이 처음 공부를 시작했을 때의 플래너를 보면 빈자리가 없을 정도로 빼곡하다. 완료한 계획은 형광펜으로 칠하고 수행하지 못한 계획은 그대로 두었다. 그 부분을 참고해서 다시 계획을 짜고 수행하기를 반복했다.

그런데 재수를 거쳐 반수할 때의 플래너를 보면 빈 공간이 많이 보이기 시작한다. 어느 정도 공부 습관이 잡히기 시작하면서 공부가 일상이 되었기 때문이다. 계획을 세우고 수정하는 시간도 아까워 차라리 그 시간에 공부하는 것이 낫다고 느끼는 경지에 도달했다.

혜윤 군은 적어도 처음 공부 습관을 들일 때는 계획이 꼭 필요하다고 말한다. 버거울 정도로 세웠던 계획을 마침내 완수했을 때의 성취감이 공부를 지속하게 만드는 자극제가 되기 때문이다.

공부 계획의 또 한 가지 장점은 자신에게 맞는 공부법을 만들어나갈 수 있다는 것이다. 초반의 계획에서 비효율적인 부분이 느껴진다면 다음 계획에 반영해 다듬을 수 있다. 그 과정을 통해 내가 어떤 방식으로 공부할 때 효과가 극대화되는지를 더 명확히 알게 된다.

현수 군은 "내가 270일 동안 슬럼프를 전혀 겪지 않은 이유는 계획표 때문"이라고 말한다. 오늘 당장 해야 할 일이 있기 때문에, 그리고 그 계획을 실천해내는 것에 집중해야 하기 때문에 슬럼프를 겪을 겨를이 없었다는 이야기다. 지난 시간을 후회하거나 앞날을 염려할 틈도 없었다. 그저 흔들리지 않고 오늘 하루를 단단히 붙드는 데 모든 에너지를 쏟았다. 그렇기에 공부 도중 수시로 잡념에 시달리는 수험생이라면 계획표는 필수라 할 만하다.

다른 수능 만점자들도 비슷한 맥락의 이야기를 들려준다. 흔히들 예상하기로 전체 수험 기간 중 고3이 가장 힘든 시기일 거라 생각하겠지만, 많은 수능 만점자들은 되려 2학년 때가 훨씬 더 힘들었다고 얘기한다. 2학년 때까지는 공부의 체계를 형성하는 기간이기 때문에 수시로 벽에 부딪히고 단련을 해나간다. 그러다 3학년쯤 되면 공부가 일종의 루틴이 되어서 자연스레 감내하게 된다는 것이다. 3학년이 되었다고 공부가 재미있어지거나

2장 꼴찌들이 성적을 단기간에 끌어올린 공부법

공부의 양이 줄어들 리는 없지만, 스스로 만들어낸 루틴에 따라 묵묵히 그 길을 걸을 수 있다.

낯선 지역에 처음 도착해서 잘 알지 못하는 장소를 찾아갈 때는 스트레스를 받는 것이 당연하다. 하지만 수백, 수천 번을 반복해서 오간 출근길이나 등굣길이 그 정도 수준의 당혹감이나 스트레스를 유발하지는 않는다. 물론 수고스럽긴 하지만 이미 익숙해졌고 충분히 예측이 되기 때문에 감내할 수 있다.

만약 현재 공부하는 시간이 고통스럽다면, 그 시간이 습관이 되고 루틴이 되는 과정이라 여기면 도움이 될 것이다. 이를 위해서는 내가 선택한 목적지를 향해 가는 길에 온전히 집중할 수 있도록, 나에게 잘 맞는 좋은 계획을 세우는 것이 우선이다.

🔥 수험 기간을 흔들림 없이 붙들어줄 계획 세우기

1. 처음부터 완벽하고 세밀한 계획을 세우려 하지 말자. 대략적인 큰 그림을 먼저 그리고 나의 스타일에 맞추어 조금씩 채워나가자.
2. 계획표 안에는 진도만이 아니라 피드백을 위한 시간까지 마련하라.
3. 계획은 넘치도록 짜도 괜찮다. 압박감을 잘 활용하면 슬럼프 없는 수험 기간을 보낼 수 있다.

공부 슬럼프가 왔을 때
빠져나오는 방법

공부를 잘하는 학생들은 타고나길 성실한 유형일까? 물론 어릴 때부터 뭘 하든 차분하고 끈기 있게 해내는 아이들도 있다. 그런 성향이 공부하는 데 도움이 되는 것은 사실이리라. 하지만 앞서 만났던 성적 역전왕 일곱 명만 보아도, 성실함이나 끈기와는 거리가 먼 경우가 많았다.

의대생은 현수 군은 사춘기 때 숙제를 하기 싫어서 온갖 잔머리를 굴렸다. 영어 듣기 숙제를 못한 핑계를 만들려고 듣기 테이프에 자석을 문지른 적도 있다. 아침부터 밤까지 게임으로 시간을 보냈던 경업 군이나, 학원 가는 척하고 몰래 PC방을 드나들다 부모님한테 들켰던 혜윤 군 역시 공부의 발화점을 겪기 전에는 공부보다 노는 게 좋은 평범한 아이들이었다.

그래서인지 이들은 공부를 시작했을 때 자신의 의지를 믿지

않았다. 그보다는 스스로 의지를 가질 수밖에 없도록 환경을

조성하고자 했다. '사람을 믿지 말고 상황을 믿어야 한다'라는

말은 공부에도 여실히 적용된다.

한번 시작된 공부의 발화점이 꺾이지 않도록 하기 위해, 이들은

어떻게 환경을 만들고 마음을 다스렸을까? 때때로 잠시

쉬고 싶거나 멈추고 싶을 때는 어떻게 슬럼프를 극복하고 다시

책상으로 돌아와 앉았을까? 단순하면서도 고단했던 수험

기간을 지켜준 마음 관리법을 들어본다.

의지를 무작정 가지려 하지 말고 저절로 찾아오게끔 만들라

'이제부터 의지가 강해져야겠어'라고 결심하면 한순간에 공부의 의지가 솟아난다면 얼마나 좋을까. 수학 1단원 '집합'만큼은 모든 학생이 전문가라는 우스갯소리가 있다. 전국의 수많은 수험생들이 야심차게 책을 펼쳐들지만 처음 몇 페이지만 끼적이고 남은 부분은 깨끗한 채로 먼지가 쌓이는 경우가 흔하다. '의지'라는 것은 '욕심'과 달라서 내 마음대로 부릴 수 있는 것이 아니기 때문이다.

마지막 순간까지 최선을 다해 성적을 역전시킨 학생들은 처음의 약한 의지를 공부에 사용하지 않았다. 그 대신, 자연스레 공부를 하게 되고 노력하게 되는 상황과 환경을 만드는 데 그 의지를 사용했다. 그 과정은 머리가 아프고 고민할 것도 많다. 하지만 그렇게 만들어낸 환경은 단순하고 지속 가능한 것이어서 누구든 뚜벅뚜벅 제 길을 걸어갈 수 있게 된다.

의지는 처음부터 존재하는 것이 아니라 그렇게 주어지는 것이다.

급상승 그래프 속 MIND TIP

나를 못 믿겠다면 믿을 만한 환경을 만들자

현수 군은 의대생이 된 지금도 집에서는 10분을 집중하기 힘들다고 고백한다. 그래서 공부를 해야겠다 싶으면 무조건 대학 학습실을 찾는다. 침낭과 안대까지 챙겨 가 그곳에서 잠을 자며 공부한다. 남들 보기엔 지독하다 싶겠지만, 그렇게 하지 않으면 워낙에 산만한 성격상 공부를 제대로 할 수가 없다. 타고난 성향은 바꿀 수 없기에 공부 환경을 바꾸기로 했다는 이야기다.

재수를 시작할 때도 자신이 자제력이 없다는 사실을 누구보다 잘 알았다. 어릴 때부터 늘 듣던 소리가 '딴 생각 좀 그만해라',

'딴 짓 좀 그만해라'였으니 집중하는 법 자체를 몰랐다고 해도 과언이 아니다. 특히 외향적이고 사교적인 성격이 공부에는 큰 걸림돌이었다. 고3 야자 시간에도 친구와 수다를 한번 떨었다 하면 그날의 공부는 그냥 접곤 했던 적이 허다했다. 최대한 통제된 환경에서 강압적으로라도 공부를 해야겠다는 생각에 기숙형 재수학원을 끊었다.

학원에 입소하면서 다짐한 한 가지가 '친구를 만들지 말자'는 것이었다. 4인 1실 기숙사에 배정을 받은 후 다음날 가장 먼저 일어나서는 바로 씻고 방을 나섰다. 교실에서도 하루 종일 말 한마디 하지 않았고 밥도 혼자 먹었다. 그렇게 하루를 보낸 후 저녁 때 만난 룸메이트에게 인사를 건넨 것이 그날 처음 뱉은 말이었다. 알아주는 수다쟁이였던 현수 군이 어느 순간 '내 목소리 까먹겠네.' 싶은 생각이 들 정도였다.

재수를 하는 입장이지만 사실 스무 살 남녀 학생들이 갇혀 있는 공간이다 보니 남들의 시선이 신경 쓰일 수밖에 없었다. 밥을 먹으려고 줄을 서면 앞뒤로 화기애애하게 이야기하는 무리 가운데 혼자만 덩그러니 서 있어야 했다. 민망함을 감추기 위해 일부러 단어장을 들여다보기도 했다.

하루는 한 친구가 같이 점심을 먹자고 다가왔다. 늘 혼자 다니면서 공부만 하는 현수 군을 좋게 본 모양이었다. 그런데 누군가와 함께 밥을 먹어보니 그날의 계획을 지키는 데 당장 지장이 생

3장 공부 슬럼프가 왔을 때 빠져나오는 방법

겼다. 밥 먹는 시간도 확실히 오래 걸리고 대화의 여운이 남아 머릿속에 잡념도 많아졌다. 그래서 저녁도 함께 먹자는 그 친구에게 단호하게 이야기를 했다.

"미안한데, 나 그냥 혼자 먹을게."

그렇게 혼자 식사를 하고 교실로 돌아와서는 묘한 보상심리가 발동했다.

'내가 외톨이를 자처하면서까지 번 시간인데 절대 함부로 쓸 수 없지. 이 시간에 어떻게 쉬고 어떻게 잠을 자?'

억울해서라도 더 공부를 했다는 게 당시 현수 군의 심정이었다. 현수 군은 친구 외에도 공부에 방해가 될 만한 요인들은 모조리 일상에서 내몰았다. 스마트폰은 물론이고 평소 즐겨 듣던 음악도 반납했다. 당시는 MP3 플레이어로 노래를 즐겨 듣던 시절이었는데 '졸릴 때 음악 좀 들어야지.' 하는 타협조차 하지 말자고 생각했다. 플래너에 노래 가사를 옮겨 적어놓고 정 노래가 듣고 싶을 때는 눈으로 한 번씩 읽으며 흥얼거리는 것으로 대신했다.

"공부가 재미있어지는 비결이 있습니다. 공부보다 재미있는 것들을 다 없애면 됩니다. 그럼 공부밖에 할 게 없어져요."

어떻게 공부에만 집중할 수 있었냐고 사람들이 물을 때 현수 군이 늘 하는 대답이다. 그리고 이는 대다수 수능 만점자들이 동의하는 이야기이기도 하다. 수능 만점자들에게 물었을 때 53퍼센트는 수험 기간 중 휴대폰을 아예 사용하지 않거나 피처폰을 썼다고 답했다. 유혹과 싸워서 이기는 것보다 더 단순하고도 강력한 방법은 아예 차단하는 것이다.

급상승 그래프 속 MIND TIP
쉼의 공간을
따로 마련하라

외고에서 기숙사 생활을 했던 영준 군은 2주에 한 번 집에 돌아갈 수 있는 주말에도 기숙사에 쭉 남는 것을 택했다. 집에 다녀오는 왕복 시간을 아끼고 싶기도 했고 무엇보다 기숙사 밖을 나가는 순간 공부가 잘 되지 않으리라는 것을 잘 알았기 때문이다. 사실 기숙사가 쾌적하거나 편안한 환경은 아니었다. 먹고 싶은 음식이 생각나도 참아야 하고, 컨디션이 안 좋을 때도 점호는 꼬박꼬박 해야 하니 편히 쉴 수가 없었다. 그래도 독하게 공부하기로 마음먹은 이상, 자신을 몰아붙일 수 있는 환경이 필요하다고 생각했다.

기숙사 내에서도 공간을 다시 분리했다. 방에서는 보통 노트북으로 인터넷 강의를 들었고, 집중이 훨씬 더 필요한 수학이나 어려운 국어 과목을 공부할 때는 아래층의 정독실을 이용했다.

3장 공부 슬럼프가 왔을 때 빠져나오는 방법

문제는 집에서 24시간을 보내야 하는 방학이었다. 환한 대낮에 집에 있다 보니 자꾸 컴퓨터를 켜고 게임을 하게 되었다. 스스로 딴 짓을 못하게 만들어야겠다 싶어 차라리 낮에 잠을 자고 밤새워 공부를 했다. 모두가 잠든 조용한 밤에 홀로 깨어 있으면 온전히 공부에만 집중할 수 있었다.

방학이라는 예외 상황을 제외하면 집에서는 공부를 하지 않고 무조건 쉬는 것을 원칙으로 했다. 한 번씩 집에 들를 때면 마음껏 놀고 기숙사로 돌아오면 다시 공부 모드로 돌입하는 것이 더 효율적이었다.

이 원칙은 영준 군 외에 다른 수능 만점자들도 공통적으로 언급하는 것이다. 수능 만점자들 90퍼센트가 답하기를, 집에서는 공부를 하지 않았다고 한다. 그 이유는 크게 두 가지다.

첫째로 집은 유혹에 빠지기 너무도 쉬운 환경이라는 점이다. 집에 가면 컴퓨터가 있고 휴대폰이 있다. 방문을 열고 나서면 냉장고가 있고 그 안에는 맛있는 음식들이 가득하다. 거실에는 푹신한 소파와 언제든 재미있는 프로그램을 틀어주는 리모컨이 놓여 있다. 그러니 공부할 생각이면 아예 집에 있지를 말라는 이야기다.

둘째로 공부 장소와 휴식 장소를 분리한다는 의미가 있다. 학교와 학원에서 늦도록 공부를 하고 돌아온 뒤에는 공부와 분리

된 '쉼의 공간'이 있어야 한다. 장기적인 수험 생활에서는 공부만큼 휴식도 효율적으로 취해야 한다. 공부와 휴식이 뒤섞이게되면 둘 중 어느 하나도 제대로 할 수가 없다.

'카공족(카페에서 공부하는 사람)'이나 '코피스족(커피와 오피스의합성어로 커피 전문점에서 업무를 보는 사람)'이라는 신조어도 괜히 생긴 것이 아니다. 공부에 집중할 수 있는 장소와 시간대는 사람마다 다르다. 내가 언제 어디에서 공부하는 것이 효과적인지를 먼저 파악하고, 각각의 공간을 철저히 구분할 필요가 있다.

급상승 그래프 속 MIND TIP
타이머로 측정하는 공부의 순도

예은 양은 공부할 때 스마트폰을 비행기 모드로 바꿨다. 먹통이된 스마트폰은 자꾸 들여다보고 싶은 유혹을 원천 봉쇄한다. 시간 관리는 스케줄러와 타이머에 의존했다. 스케줄러에는 오늘꼭 해야 하는 공부 내용이 적혀 있고, 타이머는 얼마나 집중해서공부하는지를 점검하는 도구로 사용했다.

타이머를 켜는 순간부터 공부가 시작되고, 만약 중간에 잠시한눈을 팔게 되면 바로 타이머를 껐다. 예를 들어 친구와의 주말

3장 공부 슬럼프가 왔을 때 빠져나오는 방법

약속이 문득 떠올라서 '어디를 가면 좋을까?' 하는 생각이 든다면 타이머를 끈다. 친구한테 전화를 바로 거는 대신 생각난 장소를 따로 메모해놓고는 다시 타이머를 켠다. 그때부터는 다시 공부 시간이다.

예은 양은 하루에 꼭 채워야 하는 공부 시간을 정해놓았다. 고3 때는 하루 여덟 시간을 목표 시간으로 정했다. 하루에 열두 시간, 열네 시간씩 공부했다고 말하는 수험생들에 비하면 짧을지도 모르지만, 이 여덟 시간 안에 잡념이나 딴 짓은 1퍼센트도 섞이지 않았다. 타이머로 철저히 측정한 시간이니 스스로 보장할 수 있었다.

스케줄러에 적힌 공부 양과, 타이머로 측정한 공부 시간을 모두 달성했다면 그때부터 보상으로 핸드폰을 사용했다. '오늘의 공부를 다 마치면 핸드폰을 쓸 수 있다'고 생각하면 공부 시간에 더 집중할 수 있었다. 예은 양이 스스로에게 마련한 또 한 가지 보상은 바로 '일요일의 휴식'이었다. 월요일부터 토요일까지 계획대로 공부를 차질 없이 마치면 일요일 하루는 마음껏 쉬기로 했다. 잠이 많은 편이어서 부족했던 잠을 몰아 자기도 하고, 텔레비전을 편하게 시청하기도 했다. 만약 주중에 마무리하지 못한 공부가 있다면 어쩔 수 없이 일요일로 넘겼다. 황금 같은 일요일이라는 보상을 얻기 위해서라도, 주중에는 그날의 공부를 마치도록 최대한 노력했다.

"누구에게나 시간은 똑같이 주어지죠. 공부는 저 말고 다른 친구들도 다 하고 있어요. 중요한 건 똑같은 시간 안에서 최대한 효율을 높이는 거라 생각해요. 주어진 시간 동안 계획한 것을 해내고 또 그 내용을 기억에 정확히 남기기 위해 여러 방법을 써봤어요."

공부에 집중할 수밖에 없도록 환경을 조성하고 공부 끝의 작은 보상으로 지친 하루를 격려하는 것이 바로 공부의 온도를 마지막까지 지속할 수 있었던 예은 양의 비결이다.

급상승 그래프 속 MIND TIP
잠을 줄이는 대신
잘 깨어 있으라

이쯤에서 궁금한 것이, 그렇게 공부에 집중한 학생들이 잠은 얼마나 잤을까 하는 것이다. 결과부터 말하자면 수능 만점자들의 평균 수면 시간은 여섯 시간 14분이었고 평균 취침 시간은 12시 20분, 평균 기상 시간은 6시 40분이었다. 80퍼센트의 학생들은 여섯 시간 이상 수면을 취했다고 답했다.

기숙사 생활을 한 예은 양이나 영준 군, 수현 군도 소등 시간이 되면 잠자리에 드는 습관을 들였다. 새벽까지 불을 켜고 공부하는 친구들도 있었지만, 이들은 적당한 수면을 취한 뒤 차라리 이른 아침에 하루를 시작하는 편이 더 효율적이었다고 말한다.

충분한 수면 관리는 건강 관리로 이어지고, 그것이 곧 공부의 효율성과 직결된다. 욕심을 내서 새벽까지 공부한다면 다음날 자습 시간에는 어김없이 졸게 된다. 실제로 고등학교 자습 시간을 들여다보면 꾸벅꾸벅 조는 아이들이 한두 명이 아니다. 공부의 리듬이 흐트러지고 컨디션도 좋을 리가 없다. 입시라는 것은 당장 오늘내일의 일이 아니다. 몇 년 동안 끌어가야 하는 장기적인 레이스에서는 무엇보다 최상의 컨디션을 유지하는 것이 중요하다. 그럴 때 공부의 질이 높아지고 내가 기울이는 노력들이 낭비 없이 열매로 이어진다.

현수 군의 경우 270일 동안 여섯 시간 이라는 수면 시간을 꼬박꼬박 지켰다. 매일 밤 점호 후 가벼운 푸시업을 하고서 12시 반에 잠들었고 아침 6시 반에 울리는 기상송에 맞추어 일어났다. 학원에서는 심야 자습 시간이 있어서 점호 이후에도 새벽까지 추가로 공부를 하는 친구들이 꽤 있었다. 하지만 현수 군은 점호 이후에는 한 번도 자습을 하지 않았다. 처음에는 불안한 마음도 슬쩍 들었다. 내가 잘 시간에 남들은 공부를 한다니 괜히 신경이 쓰였다. 그런데 낮 시간에 보면 심야 자습을 한 친구들은 어김없이 졸고 있었다. '저럴 거면 굳이 새벽까지 공부할 필요가 있나.' 하는 생각이 절로 들었다.

현수 군의 전략은 남들보다 적게 자지 말고, 대신 깨어 있는 시간을 남들보다 더 알뜰히 활용하자는 것이었다. 자세히 보면 다른 학생들은 얼마든 공부할 수 있는 자투리 시간을 다들 놓치고 있었기 때문이다.

일단 아침 시작부터 남들보다 한발 빠르게 움직이면 하루 종일 유리했다. 현수 군은 이른 아침 눈도 잘 못 뜬 상태에서 세수를 하고 옷걸이에 걸린 옷을 손에 잡히는 대로 입었다. 다른 친구들은 알람시계를 끄고 이불 속에서 뒤척일 때 일찌감치 혼자 밥을 먹었다. 손에 이미 단어장을 들고 있으니 공부는 그때부터 시작이었다. 부지런히 밥을 먹고 나면 화장실에서도 줄을 서지 않고 바로 양치를 할 수 있었다. 일사천리로 본격적인 공부 준비를 마치면 어김없이 아무도 없는 텅 빈 교실이 맞아주었다. 그 시점에서 이미 한 시간 가까이 공부 시간이 절약됐다.

그렇게 흘려버릴 수 있는 시간을 모두 주워 담으면 8, 9교시까지 수업을 하고도 하루 열 시간 가까이 혼자 공부하는 시간을 확보할 수 있었다. 학원에서 공식적으로 규정한 야자 시간이 네 시간이었으니, 남들이 하루 한 번 야자를 할 때 두세 번을 한 셈이다.

"저는 자습을 끝내고 나오면서 아, 오늘 깨어 있던 시간 동안 전국에 있는 모든 수험생 중에 나만큼 열심히 한 사람은 없을 거야, 하는 생각을 매일매일 했습니다. 그래서 270일을 공부했지만 어떻게 보면 540일, 어쩌면 700일 이상까지 공부를 했다고 말할 수 있습니다."

그때 현수 군의 플래너 앞에 써놓은 좌우명이 있다.

'시간은 흐르는 것이 아니라 만들어가는 것이다.'

남은 시간이 얼마 없는데 해야 할 공부는 너무 많다고 느끼는 모든 수험생들이 기억해야 할 이야기다.

 의지박약한 사람도 누구보다 강한 의지를 발휘하게 되는 비결

1. 유혹을 힘들게 이겨내려 하지 말자. 애초에 유혹을 차단하는 것이 훨씬 편하고 쉬운 길이다.

2. 공부와는 분리된 휴식 공간을 마련하라. 공부와 휴식이 뒤섞이면 어느 하나도 제대로 할 수 없다. 목표를 달성했다면 스스로에게 적절한 보상을 하는 것도 잊지 말자.

3. 밤새워 공부하는 것은 금물. 대신 깨어 있을 때 자투리 시간을 최대한 낭비하지 않도록 하라.

힘겨운 슬럼프를
어떻게 버텨내야 할까?

'노력의 배신'이라는 말이 있다. 열심히 노력하고 집중했는데도 성적이 안 오를 때 쓰기 적절한 표현이다. 이 정도 공부를 했으면 분명 성적이 오를 만도 한데 야속하리만큼 제자리걸음이라면, 혹은 오히려 뒷걸음질을 친다면 어떻게 해야 할까?

아이의 키가 자랄 때도 그렇듯이, 성적은 늘 똑같은 속도로 꾸준히 오르지 않는다. 한동안 정체기가 왔다가 어느 순간 모두가 놀랄 만큼 껑충 뛰어오르기도 한다. 급상승의 그래프가 코앞인데 그 순간을 견디지 못하고 '나는 아무리 해도 안 되나 봐'라며

3장 공부 슬럼프가 왔을 때 빠져나오는 방법

포기해버린다면 그만큼 안타까운 일도 또 없으리라.

내 노력이 나를 배신하는 것만 같을 때, 성적 급상승의 주인공들은 어떻게 좌절감을 이겨내고 마음을 다잡았을까?

급상승 그래프 속 MIND TIP
노력은 지각을 할지언정 결코 배신하지 않는다

중3 초까지도 야구선수를 꿈꾸며 훈련에만 매진했던 손수환 군은 뒤늦게 진로를 수정하고 공부에 뛰어들었다. 남들보다 늦은 만큼 우직하게 공부한 덕분에 성적은 느리지만 꾸준히 올랐다. 하지만 수환 군도 노력에 배신당하는 순간이 찾아왔다.

고등학교 3학년 3월에 치른 모의고사 때였다. 겨울방학 내내 최선을 다해 공부한 후 처음 보는 시험이었고, 게다가 첫 교시였다. 국어 영역의 문제가 좀처럼 풀리지 않았다. 국어가 워낙 시간이 부족한 과목인데 초반부터 시간 낭비를 하고 있다는 생각에 진땀이 났다. 머릿속으로는 학급 석차가 뚝뚝 떨어지는 장면이 떠올랐다. 꽉 막힌 문제 사이에서 헤매다가 20번대 문제에 도달했을 때쯤에는 가슴 부근이 뻐근하게 아파왔다. 심적으로 너무 큰 부담을 느낀 탓이었다.

노력에 비해 한참 모자란 성적이 나왔다. 보통 모의고사를 보고 나면 각 영역별, 문제별로 꼼꼼히 분석해서 피드백을 하는데 이날의 시험에는 최종적인 코멘트를 따로 달았다.

'멘탈을 잡자.'

앞으로도 시험을 볼 때 특정 지문이 너무 어려워서 독해가 잘 안 풀리는 상황은 얼마든 일어날 수 있다. 그럴 때마다 불안해하고 마음이 흔들리면 시험 전체에서 제 실력을 발휘할 수 없을 터였다. 그러니 까다로운 문제를 만나더라도 여유를 가지고 시험을 융통성 있게 운영하자는 의미였다.

영준 군의 경우는 공부 자체를 포기해야겠다는 생각을 한 적이 있다. 중학교 3년 동안은 나름대로 공부 좀 한다는 소리를 듣다가 사회적 배려대상자로 덜컥 외고에 오고 나니 한순간에 전교 꼴등이 되고 말았다. '내가 그동안 했던 공부가 여기서는 통하지 않는구나.' 싶었다.

사실 외고에 와서 누구보다 열심히 노력했다. 수업 시간에 가장 성실히 참여하는 사람도, 반에서 가장 열심히 공부한 사람도 자신이었다. 그런데도 꼴등을 했다는 건 어차피 해도 안 된다는 소리가 아닐까 하는 절망감과 열등감이 들었다.

담임선생님의 설득과 격려로 '한 번 더 해보자'라는 마음을 먹은 후에도 성적은 바로 오르지 않았다. 가장 힘든 과목은 수학이었다. 1학기 내내 시험 기간마다 수학에 공을 들였는데도 성적은 따라와 주지 않았다. 그래서 내린 특단의 방법이 방학 동안 수학을 파고들자는 것이었다. 한 달이 채 안 되는 여름방학 내내 개념서부터 심화서까지 수학 문제집 일곱 권을 완벽히 끝낸 후에야 성적은 움직이기 시작했다. 일단 속도가 나기 시작하자 상승 그래프는 가파르게 올랐다. 고등학교 2학년 마지막 11월 모의고사 때 살면서 처음으로 수학 100점을 받았다.

아무리 공부해도 성적이 오르지 않는 괴로운 기간을 어떻게 극복했느냐고 물었을 때 영준 군은 이렇게 답한다.

"제가 쏟은 노력이 언젠가는 보상을 받을 거라는 믿음이 있었거든요. 먼저 선행되어야 할 건 실제로 많은 노력을 기울이는 일입니다. 저는 정말 이 이상은 공부를 할 수 없겠다 싶은 생각이 들 정도로 공부를 했기 때문에 그걸 근거로 저를 믿을 수 있었어요. 노력과 자신에 대한 신뢰, 공부에는 이 두 가지가 꼭 필요하다고 생각해요. 그리고 그 두 가지는 함께 옵니다."

3학년 2학기쯤부터 영준 군은 어떤 시험이든 '도박장에 들어가는 심정'으로 임했다. 그러니까 '어차피 난 할 만큼 했으니 될 대로 되라. 이제는 그냥 결과에 맡기자'라는 마인드였다. 수능 만점이라는 결과를 자신만만하게 공언했던 것도 모두 탄탄한 자기 신뢰가 바탕이 되었기에 가능한 일이었다.

급상승 그래프 속 MIND TIP
"지금 틀려서
천만다행이다"

'단 하루도 부끄럽지 않은 270일을 보냈다'고 말하는 현수 군은 어땠을까? 재수를 시작하고 처음 일주일 동안 공부한 양이 고등학교 3년 내내 한 공부보다 훨씬 많다고 느낄 정도였다. 스스로 생각하기에도 사람이 완전히 바뀌었구나 싶었다. 성적에 대한 기대감이 슬그머니 생기는 것도 당연했다. 그런데 이상하리만큼 성적은 그대로였다. 재수학원에서는 모의고사가 끝나면 매번 '모의고사 빌보드'라는 차트를 발표했다. 그 차트 안에 1등부터 100등까지의 이름이 차례로 적혀 있었다. 현수 군은 마지막까지 그 차트에 한 번도 이름을 올리지 못했다.

하지만 실망한 적은 없다. 자신의 목적은 모의고사가 아니라 수능이라고 생각했기 때문이다. 현수 군이 세운 270일의 계획 안에 '모의고사에서 몇 점을 받겠다'는 내용은 애초에 없었다. 현수 군에게 모의고사는 철저히 연습용이었다. 모의고사 오답을 확인할 때는 늘 이런 생각을 했다.

'수능 전에 틀려서 다행이다. 이 문제는 응용되어 나와도 절대 안 틀릴 정도로 확실히 해두자. 그래야 틀린 보람이 있지.'

수능이 눈앞으로 다가온 10월 모의고사 때는 오히려 성적이

와르르 내려앉았다. 시험을 망친 이유는 따로 있었다. 당시는 수학 실력이 웬만큼 궤도에 오른 상태였다. 물론 오랜 시간 연습을 해온 친구들에 비해 계산 속도는 빠르지 않았지만 웬만한 문제는 풀어낼 자신이 있었다. 시험 시간, 바로 옆자리에는 수학을 워낙에 잘한다고 소문난 여학생이 앉았다. '나도 이제 어느 정도 실력이 되니까 쟤 속도를 한번 따라가 볼까?' 했던 것이 화근이었다. 그 친구 속도에 신경을 쓰다가 계산 실수가 속출하고 말았다. 상대적으로 쉬운 첫 페이지의 다섯 문제 중에서 무려 세 문제를 틀렸다.

그래도 '수능이 얼마 안 남았는데 큰일 났다'는 생각은 하지 않았다. 오히려 '지금이라도 깨달아서 다행이다. 이번 기회에 내 속도를 확실히 점검하고 넘어갈 수 있겠다'고 생각했다. 그때 다시 한 번 느낀 점이 '정공법으로 가야겠다'는 것이었다. 수학을 잘하는 아이들이 검토까지 두 번을 풀 동안 나는 한 번만 정확히 풀자는 소리였다.

그 시험을 계기로 어느 정도 속도로 문제를 풀어나가야 할지 확인했다. 몇 분까지 몇 번 문제를 풀어야 하는지, 심지어 시계는 몇 번 문제를 푼 뒤에 들여다볼 것인지까지 철저하게 계산해두었다.

실제 수능 점수에는 손톱만큼의 변수도 개입해서는 안 된다는 것이 그때의 심정이었다. 수능 날 어떤 예상치 못한 일이 일어나더라도 흔들리지 않아야 했다. 점심을 먹고 배가 아프거나 졸릴 것에 대비해 모의고사 때 이런저런 실험을 해보기도 했다. 밥을 배부르게 먹고 바로 영어 듣기를 해보니 살살 졸음이 왔다. 그래서 밥을 대체할 간식을 준비해서 어느 종류를 어느 정도 먹으면 적당한지를 미리 알아두었다.

모의고사를 볼 때 현수 군이 중요하게 생각한 것은 하나였다. 똑같은 점수여도 이전이랑 비교했을 때 접근하는 깊이가 달라졌다면 거기에 의미를 두었다. 실제로 공부라는 것이 뭔가를 배운 후 적용되기까지는 시간이 걸린다. 현수 군은 자신이 개념부터 차곡차곡 쌓아올린 실력이 실제 점수로 적용되기까지의 시간을 충분히 허용하고 조바심 내지 않았다.

성적은 빨리 오르지 않았고 9월 모의고사까지도 의대권 성적은 전혀 아니었다. 하지만 스스로는 느낌이 좋았다. 여기저기 움푹 파였던 구멍들이 서서히 채워져서 이제 몇 군데 안 남았다는 확신이 들었다.

현수 군의 계획은 국영수 과목을 초반에 잡고 암기 과목인 과학은 후반부에 집중적으로 공부하자는 것이었다. 과학은 미리 공부해두어도 조금만 소홀히 하면 내용을 까먹어서 점수가 금방 떨어졌기 때문이다.

재수학원 선생님들은 그런 속사정을 알 리 없었기에 총점의 추이만으로 판단을 했다. 늘 비슷한 수준의 성적을 보고는 현수 군에게 그리 큰 기대를 걸지 않았다. 그러다 마지막 한두 달을 남기고 과학에 집중하면서 전체적인 점수가 훌쩍 올랐고 마침내 의대가 가시권에 들어왔다. 현수 군은 수능에서 최상위권의 성적을 거두고 원하던 미래를 스스로 선택할 수 있게 되었다.

> ## 급상승 그래프 속 MIND TIP
> # 1등보다는 100점!

피겨스케이트를 타다가 공부로 전향한 예은 양이나, 난독증을 이겨내고 학교로 돌아온 은지 양도 마찬가지로 한동안 성적 정체기를 겪었다. 예은 양이나 은지 양 모두 상위권 학생들이 모인다는 자사고와 명문 고등학교에 진학했기 때문에 웬만큼 공부해서는 가시적인 성과가 드러나지 않았다.

이들이 정체기를 극복해낸 공통적인 마인드를 한마디로 표현하자면 바로 '1등이 아닌 만점을 목표로 하라'는 것이다. 얼핏 생각하기에 만점은 1등보다도 더 어렵게 느껴진다. 만점이 아니어도 1등이나 1등급인 경우는 많기 때문이다. 하지만 마음의 부담이나 스트레스는 오히려 1등이 더하다. 당장 내 앞에 있는 친구를 이겨야 하고, 그 친구가 공부하는 모습만 봐도 초조해진다. 혹여 그 친구가 아는 문제를 내가 모른다면 그만큼 허탈한 일도 또 없다.

하지만 만점을 목표로 하면 누군가와 비교할 일이 없다. 내가 할 일은 그저 '모르는 것이 없는 상태'에 도달하는 것이다. 만약 모의고사를 풀었는데 100점 만점에 80점이 나왔다고 해보자. 이때부터는 내가 전체 중에서 몇 등급인지를 따지는 것이 아니라, 만점까지 20점이 남았다는 데 집중하면 된다. 나의 부족한 부분을 점검하고 메워나가는 일만 남아 있다.

이는 국가대표 선수들이 자신의 최고신기록에 도전하는 것과도 다르지 않으리라. 만약 경기에서 1등을 했더라도 기록이 떨어졌다면 훈련의 강도를 더 높이는 것이 마땅하다.

성적 역전 사례를 인터뷰한 결과에 따르면 이 학생들은 '공부를 끝냈다'라는 표현을 좀처럼 쓰지 않았다고 한다. 시험을 볼 때까지 지속적으로 내 실력을 보완하는 것이 곧 공부라는 뜻이다. 완벽한 상태, 즉 만점을 목표로 하는 공부는 외부의 요인에 휩쓸리지 않는다는 것이 가장 큰 장점이다.

이는 1장에서 언급한 '의식적인 공부'와도 일맥상통한다. 나의 상태를 객관적으로 파악하고 의식적으로 채워나가는 공부. 소설《데미안》의 표현을 빌리자면 순간순간 알을 깨고나가는 노력이라 할 수 있다.

외고 영준 군은 같은 맥락에서 이런 이야기를 들려준다.

"이런 친구들 있죠. 전 과목을 딱 2등급씩만 맞추자. 수학에서도 20번, 30번에서 하나씩 틀리고 29번 하나 정도 틀리면 대충 88점 나올 테니까 이 정도면 되겠지. 이런 생각은 위험합니다. 무조건 100점을 목표로 달려가야 해요. 수능의 마지막 과목까지 모두 치렀을 때 미련이 조금도 남지 않게끔 해야 합니다.

원래의 내 실력과 엇비슷한 목표를 세울 경우, 그것은 타협에 지나지 않아요. 이렇게 타협을 시작하면 목표를 이루기 위한 노력에도 최선을 기울이지 않을 확률이 높습니다."

 공부에 반드시 따라오는 정체기, 현명하게 뛰어넘는 법

1. 성적이 오르지 않는다고 조바심을 내지 말라. 노력만 한다면 물꼬가 터지는 시기는 어느 날 갑자기 찾아온다.
2. 공부의 본질에 가까이 다가서고 있는지 스스로 질문하라. '모르는 것이 없는 상태'를 위해 노력하는 중인가?
3. 1등이 되고자 하면 스트레스에 시달린다. 100점을 목표로 하자.

어떤 장애물도
'공부 안 할 핑계'는
되지 못한다

열일곱, 열여덟, 열아홉. 우리의 아이들은 어른이 된다는 설렘보다 무거운 부담과 불안을 느끼며 하루하루를 보낸다. 몸과 정신이 한창 변화하고 성장하는 아이들이지만 대한민국의 입시 제도는 다른 곳은 일단 쳐다보지 말라고, 모두가 하나의 목표를 향해 달리라고 압박을 가한다. 가장 다채롭고 풍요로워야 할 우리 아이들의 마지막 청소년기는 그래서 안쓰럽기만 하다.

공부만이 아니다. 아이들의 삶을 침범하여 스트레스를 유발하는 요소는 다양하다. 학교에서, 가정에서, 때로는 자기 안에서 감

　　　　　　　3장 공부 슬럼프가 왔을 때 빠져나오는 방법

당하기 힘든 문제가 불거지기도 한다. 인생의 변곡점을 준비해야 하는 시기에 그런 상황에 놓이게 된다면 그야말로 낭패다.

공부 발화점을 통과한 일곱 명의 학생들 역시 예외는 아니었다. 밑바닥부터 시작해야 했던 공부 외에도 이들의 발걸음을 무겁게 만드는 외부 요소가 있었다. 인생 자체가 불투명하게 보였을 때 이들은 어떻게 올바른 출구를 발견할 수 있었을까?

급상승 그래프 속 MIND TIP
무겁고도 따가운 삶의 문제들, 어떻게 감당해야 할까?

수능 만점자 서른 명을 인터뷰한 학습 전문가는, 그들 중 네 명이 소위 '불우한 환경'을 극복한 경우였다고 말한다. 아버지의 사업 실패로 온 가족이 단칸방에서 살았거나 차상위계층이어서 학비를 걱정했던 학생, 고3 때 부모님이 이혼한 학생, 가장 심하게는 어머니가 정신과 질병에 시달린 경우도 있었다.

'공부를 도저히 할 상황이 아니었다'라고 핑계를 댈 법도 했지만, 이들은 도리어 그런 핑계가 자신의 삶을 망가뜨리지 않게끔 더 열심히 노력했다. 인생에서 맞닥뜨리는 크고 작은 고난을 헤쳐나갈 책임 또한 자신에게 있음을 이 어린 학생들은 보여주었다. 그런 면에서 그들은 이미 충분히 어른이었다.

공부 발화점을 통과한 일곱 학생들도 저마다 삶의 무게가 달랐다. 수환 군과 예은 양은 갑작스러운 진로 변경으로 하루아침에 방향을 잃은 경험이 있고, 영준 군과 경업 군은 가정의 경제적인 문제에서 자유롭지 못했다. 은지 양은 난독증이라는 막강한 벽을 만나 속수무책으로 주저앉기도 했다. 이처럼 인생의 장애물을 만났지만 그것이 공부의 장애물은 되지 않았다.

흔히들 예상하기로는 뚜렷한 목표나 강렬한 꿈이 이들의 원동력이 되었던 것이 아닐까 생각할지도 모르겠다. 하지만 이들이 공부를 한 이유는 꿈이나 목표가 뚜렷해서만은 아니다. 평범한 대다수의 학생들처럼 이들도 앞으로 무엇을 하며 살 것인지, 내가 정말 잘하고 좋아하는 일은 무엇인지를 고민했다. 다만 '나는 꿈이 없어서 공부할 의욕이 생기지 않아'라는 핑계는 대지 않았다. 그저 지금 할 수 있는 일에 최선을 다했을 뿐이다.

현수 군도 처음부터 의사를 목표 삼아 공부한 것은 아니었다. 재수 때 느낀 것이 있다면, 아무리 진로를 고민해봤자 성적이 따라주지 않으면 의미가 없다는 사실이다. 일단 최고 점수를 받아놓고 뭔가를 선택할 수 있는 입장이 되어야만 진로도 탐색할 수 있다고 생각했다.

다른 수능 만점자들의 이야기도 다르지 않다. 인터뷰에 응한

서른 명 가운데 명확한 진로를 처음부터 염두에 둔 학생은 20퍼센트밖에 되지 않았다. 30퍼센트는 성적이 잘 나왔기 때문에 계속 공부했다고 답했고, 가장 중요한 50퍼센트는 특별한 꿈이나 목표가 따로 없었지만 공부를 했다고 말한다. 언젠가 인생에서 정말 해보고 싶은 일을 만났을 때 후회하지 않기 위해서 지금의 시간을 투자한 셈이다.

급상승 그래프 속 MIND TIP
중요한 정보원, 선생님과 학교를 적극 활용하라

오르지 않는 성적 때문에 갑갑할 때, 혹은 다른 크고 작은 고민들을 혼자 감당하기 힘들 때 성적 급상승의 주인공들은 학교 선생님이라는 아주 중요하고도 즉각적인 정보원을 적극 활용했다. 중고등학교 시절의 선생님은 흔히 다가서기 힘든 존재로 느껴지지만 그 벽을 뛰어넘으면 누구보다 든든한 지원군이 되어줄 수 있다.

영준 군은 학기 초에 담임선생님과 눈물의 상담 시간을 가졌다. 선생님의 기억에 따르면 처음 20분 정도는 흐느껴 우느라 상담을 진행하기 힘들 정도였다고 한다. 어려운 가정 형편과 막막하기만 한 공부 고민을 허심탄회하게 털어놓자 선생님은 외부 장학금이라는 최선의 해결책을 제시해주었을 뿐 아니라 심적으로도 큰 응원과 지지를 보여주었다.

상담 이후 영준 군의 성적이 서서히 오르기 시작했을 때 제일 기쁜 것은 영준 군 자신이었겠지만 지켜보는 선생님도 덩달아 신이 났다. 1학년 담임선생님의 역할은 2학년, 3학년 담임선생님에게로 바통 터치됐다.

어떻게 공부를 해야 할지 몰라 막막할 때도 영준 군은 이 과목 저 과목 선생님들에게 문제집을 추천해달라고 부탁했다. 선생님들은 과목별 문제집을 직접 빌려주거나 적절한 참고서를 골라주기도 했다. 영어 선생님에게는 회화에 도움이 되는 EBS 라디오 프로그램을 추천받아서 밤낮으로 꾸준히 들은 결과 실력이 꽤 늘기도 했다. 모르는 문제나 어려운 부분이 있으면 곧바로 책을 들고 선생님을 찾아갔다. 선생님들은 '영준이가 선생님들을 돌아가며 괴롭힌다'고 엄살을 부리면서도 매번 최선을 다해 답을 해주었다.

영준 군이 수능 시험에서 만점을 받은 후 한 선생님은 이런 뒷이야기를 들려주었다.

수능 직전 선생님들끼리 모인 자리에서 '올해 우리 학교에서도 만점이 나올 것 같다'는 이야기가 나왔다. 공부를 잘하는 학교인데도 지금까지 수능 만점자는 한 번도 배출한 적이 없기 때문이다. '그럼 누가 만점을 받으면 좋을까'라는 질문에 선생님들은 만장일치로 영준 군을 꼽았다. 실력이 뛰어나서만이 아니었다. '영준이가 잘되는 세상이 올바른 세상이 아닐까.' 싶었다는 것이 선생님들의 의견이다.

영준 군을 1학년 때부터 보아온 선생님은 이렇게 말한다.

"다른 학생들에게 학교가 보조적인 수단이었다면 영준이에게는 전적으로 학교 선생님밖에 없었던 것 같아요. 모든 걸 학교에서 해결해야 했고 그만큼 선생님에 대한 신뢰가 높다고 느꼈어요. 내가 어떤 말을 하더라도 영준이는 따라줄 것 같은 성실함이 보였습니다. 늘 질문하고 고민하는 태도가 너무 예뻐서 내가 가지고 있는 모든 걸 동원해서 이 학생을 좀 도와주고 싶다는 생각이 들었습니다."

급상승 그래프 속 MIND TIP
내 고민과 문제들을 열어 보이라

수환 군도 '내가 과연 공부를 할 수 있을까'라는 고민에 직면했을 때 중학교 3학년 담임선생님의 조언에서 결정적인 동기를 얻었다. '지금부터 시작해도 절대 늦지 않다'라는 선생님의 격려가 무엇보다 큰 힘이 되었다. 야구선수를 꿈꿀 때 다른 것은 쳐다보지 않고 훈련만 했던 것처럼 공부로 돌아선 후에는 공부에만 매진했다. 그 결과 고등학교 1학년 중간고사 때는 전교에서 눈에 띌 만큼 성적이 상승했다.

그런 수환 군에게 큰 부담이 되었던 것은 친구들의 시선이었다. '공부와는 거리가 멀던 운동하던 애'라는 이미지가 남아 있었던 탓이다. 그러니 시험을 볼 때도 '혹시라도 이 시험 망치면 주위에서 뭐라고 할까? 지난번에는 요행으로 점수 잘 나온 거라고 생각하지 않을까?' 하는 괜한 걱정으로 소심해지곤 했다.

공부에 최대한 집중해야 하는 고3 때부터는 잡념을 없애기 위해 아예 친구들과 거리를 두었다. 귀에 이어폰을 꼽고 쉬는 시간에도 책만 보는 수환 군에게 다가오는 친구는 별로 없었다. 학원을 다니지 않고 혼자 공부하는 스타일이었기에 더 고립되는 기분이었다. 공부 자체의 고단함과 외로움까지 더해져서 순간순간 마음이 흔들릴 때도 있었다.

"꽤 많이 울었어요. 누구 앞에서 운 건 아닌데 혼자 공부하다가도 울고 집에 가서 방에서 울기도 했어요."

그럴 때마다 수환 군이 사용한 스트레스 해소법은 '하소연하기'였다. 대상은 주로 학교 선생님들이었다. 다행히도 고민을 토로하면 귀를 열고 들어주는 좋은 선생님들이 학교에 있었다. 학습적인 질문 외에도 개인적인 고민과 쌓인 감정들을 한바탕 털어놓고 나면 마음이 한결 홀가분해졌다. '공부고 뭐고 그만두고 싶다'라고 목구멍까지 차올랐던 생각이 어느새 스르르 가라앉았다.

영준 군과 수환 군의 성격은 서로 판이하게 다르지만, 성적 역전왕들에게서 찾아볼 수 있는 공통점이 두 사람 모두에게 있었다. 한마디로 표현하자면 '열린 태도'다.

성적이 급상승한 학생들을 인터뷰한 전문가는 말하기를, 공부 잘하는 학생들이 의외로 고집이 없다고 한다. 고집이 센 쪽은 대체로 '열심히는 하는데 성적이 안 오르는 친구들'이다. 자신에게 부족한 점이 있어도 그것을 인정하거나 받아들이지 못하면 개선이 어렵다. 반면에 성적이 뛰어난 학생들은 자신의 약점을 거리낌 없이 인정하고, 타인의 경험이나 노하우를 활용하는 데도 전혀 주저하지 않는다.

이 학생들은 선생님을 귀찮게 쫓아다녔다는 에피소드를 흔히 이야기한다. 학교에서든 학원에서든 선생님을 찾아가 자신의 공부 계획표를 보여주면서 지금 내 방법이 맞는지 보완할 점은 없는지 수시로 확인하고, 심지어 과외 선생님을 화장실까지 따라갔다는 이야기까지 들려준다.

다시 말해 이들은 자기 스스로 해낼 수 있다는 믿음은 강하지만 동시에 내가 정말 제대로 하고 있는지, 더 나은 방법은 없는지는 끊임없이 의심한다. 이런 열린 태도를 갖춘 학생들은 비단

선생님만이 아니라 친구나 주변 사람들의 지식과 경험, 책이나 인터넷 등 가능한 모든 자원을 통해 더 잘할 수 있는 방법들을 찾아나간다.

영준 군과 수환 군은 백지 상태에서부터 공부를 시작하기 위해 주변의 도움을 적극 요청했고 선생님이 건넨 조언과 도움을 기꺼이 받아들였다. 지치고 다친 마음을 살필 때도 마찬가지였다. 혼자서 문제를 끌어안지 않고 공유했으며 함께 해결 방법을 구했다. 길고도 무미건조한 수험 기간을 끝까지 버텨낼 수 있었던 비결이다.

급상승 그래프 속 MIND TIP
잘 찾아보면 공부 안팎에 재미있는 구석이 있다

남들이 보기에는 공부에 흠뻑 빠져서 정신없이 공부에만 매달린 것 같은 영준 군에게 '공부가 정말 재미있었냐'고 물었더니 큰 웃음과 함께 이런 대답이 돌아왔다.

"솔직히 정말 당연하게도 공부를 열 시간 하는 것보다 게임 열 시간 하는 게 수천 배 재밌죠. 그런데 공부를 할 수밖에 없는 환경이었기 때문에 그나마 재미를 찾으려고 했어요."

　　　　　　　3장 공부 슬럼프가 왔을 때 빠져나오는 방법

물론 잘 풀리지 않는 수학 문제나 어려운 국어 비문학 문제를 풀어냈을 때의 쾌감도 '공부의 재미' 중 하나다. 하지만 방대한 양의 공부를 바쁘게 소화해야 하는 수험생 입장에서는 공부 외의 작은 재미 요소들이 때로 활력이 되곤 한다.

친구들과 수다 떠는 것이 학교 다니는 낙이었던 현수 군은 재수학원에 들어가면서 묵언수행에 가까운 생활을 시작했다. 지루한 일상에 조금이라도 재미를 더하기 위해 평범한 노트도 자기만의 책을 한 권 펴낸다는 생각으로 꾸며보았다. 예를 들어 수학 노트에는 '김현수의 야심찬 수학 해설서'라는 제목을 달고 표지에 증명사진도 붙였다. 남은 공간에는 같은 반 친구가 서평을 달아주기도 했다. 그러고 나니 제법 베스트셀러 수학책을 펴낸 저자가 된 듯한 기분이 들었다.

한번은 재수학원 선생님이 숙제를 안 해오면 노래를 시킨다고 하기에, 일부러 숙제를 하지 않은 적이 있다. 덕분에 앞에 나가서 노래 한 번 시원하게 부른 것이 나름의 즐거운 일탈이었다.

기숙사 생활에서 또 한 가지 위로가 되었던 것은 부모님이 보내주는 온라인 편지였다. 아버지는 야구를 좋아하는 아들을 위해 야구 뉴스를 전달해주었다. 어느 팀이 몇 승을 거두었고 방어율은 어떻게 되었는지 짤막하게 전해준 소식은 바깥세상에 대한 갈증을 한순간 해소해주었다. 확실히 기분 전환이 되는 것을 느끼고는 이후로도 야구 뉴스를 쭉 전해달라고 아버지에게 부탁했다.

수학 마스터 경업 군의 경우 인강을 중심으로 수학 공부를 했는데 인강을 선택할 때 기준은 첫째도 유머, 둘째도 유머였다. 학교 수업도 따분한데 인강까지 딱딱한 강의를 듣고 싶진 않았다.

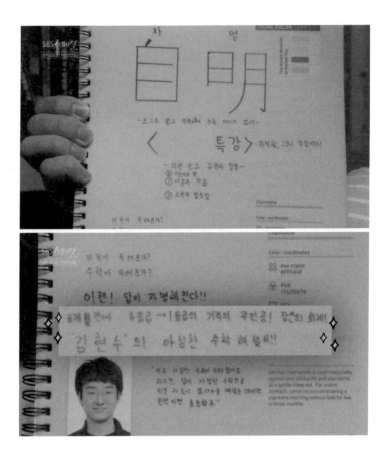

최고로 웃긴 강사를 검색해서 괜찮다 싶으면 그 강사의 수업 위주로 공부를 했다. 유머 코드와 공부 코드가 모두 일치하는 인강 선생님을 찾으면 집중이 절로 되어 실력도 금방 늘었다. 지금도 경업 군은 "수학 공부를 잘하려면 어떻게 해야 하나요?"라는 질문을 들으면 "제일 매력적이고 마음에 드는 인강 강사를 찾으세요"라고 답한다.

공부는 어차피 재미없고 힘든 것이라고만 생각하면 그 기나긴 여정을 '적'과 동반하는 셈이 된다. 어차피 함께 가야 할 대상이라면 공부의 안팎에서 의외의 재미있는 구석을 찾아보는 것이 한결 도움이 될 것이다.

급상승 그래프 속 MIND TIP
주저앉고 싶은 날엔 털썩 주저앉으라

그렇게 스스로를 달래가며 공부를 하다가도 어느 하루는 몸이 정말 피곤하거나 기분이 끝없이 가라앉는 날도 찾아올 것이다. 그 시간을 이들은 어떻게 이겨냈을까? 답은 예상보다 간단하다. 그냥 책을 덮고 털썩 주저앉으라는 것이다.

"오늘 너무 힘들다 싶으면 그날 하루는 공부 안 하는 날로 정하기도 했어요. 그럴 때면 느끼는 게 '아, 평소에 열심히 노력해서 다행이다'라는 거예요. 나를 믿는 구석이 있으니까 쉴 때도 마음 푹 놓고 쉴 수 있더라고요."

영준 군과 똑같은 이야기를 은지 양의 입을 통해서도 들을 수 있다.

"그때 제가 해놓은 공부는 대학에 온 지금까지도 도움이 됩니다. 지식으로서가 아니라 삶의 어떤 태도로서요. 지금도 뭔가 해내야 할 일이 있는데 잘 안 되면 스스로에게 이야기를 해요. 너는 과거처럼 더 노력할 수 있는 사람이잖아 하고요. 한편으로 휴식이 정말 필요한 순간에도 이야기를 해요. 지금까지 열심히 했으니 편히 쉬어도 돼. 너는 언제든지 마음먹으면 또 열심히 할 거잖아."

은지 양의 말처럼, 성적을 역전시킨 많은 학생들은 공부 자체를 단순히 시험 점수를 위한 도구로만 여기지 않았다. 스스로 계획을 세우고 부족한 부분을 채워나가 마침내 완성한 경험은 입시가 끝나고도 삶의 중요한 자산이 된다. 그 사실을 수험생들은 이미 인지하고 있었다.

바꾸어 말해 성적을 역전시키는 과정은, 어떤 영역에서든 목표를 이뤄내는 데 필요한 본질적인 요소를 모두 포함한다. 이들은 입시 후에 나름의 분야에서 전문가로 일할 것이다. 사업을 하거나 가르치는 일을 하는 사람도 있을 것이고, 누군가는 운동을 하거나 글 쓰는 일을 할 수도 있다. 어떤 분야든 그곳에서 필요한 성과를 거둘 때 이들이 거쳤던 역전의 경험은 고스란히 적용될 것이다.

그래서 공부라는 것은 기술 이상의 의미를 지닌다. 바닥에서부터 공부를 시작해 최고의 성적을 거두었다는 것은 단순히 하루의 시험을 잘 친 것이 아니라 인생을 다각도로 파악하고 조직해서 성공을 거둔 경험이다.

 일상을 흔드는 고민과 문제들, 어떻게 해결할까?

1. 잘만 활용하면 선생님과 학교는 누구보다 든든한 지원군이 되어준다.

2. 열린 태도가 문제를 가볍게 만들어준다. 내가 올바로 가고 있는지를 점검할 때도 열린 태도가 중요하다.

3. 공부 없이 마음껏 쉬는 날도 필요하다. 또 다시 일어나 달릴 나를 격려해주자.

자녀의 공부 불꽃을 당겨주는 부모

우리나라에서 대학 입시란 아이 혼자 치르는 것이 아니라 부모가 함께 발 벗고 달리는 것이다. 온갖 정보망을 동원해서 최선의 교육 환경을 제공해주고, 늦은 밤까지 대기하고 있다가 기꺼이 운전기사 역할을 하기도 한다. 혹시라도 아이가 뒤처지거나 산만해지지는 않을까 수시로 아이의 상태를 점검하고 채근하는 것까지가 학부모의 역할이라 믿는다.

물론 그렇게 부모님의 손길을 통해 어릴 때부터 엘리트 코스를 밟고 상위권에 안착해 좋은 대학에 합격하는 경우도 많은 것이 사실이다. 하지만 이 책에서 말하는 성적 급상승 주인공들의 경우 부모의 태도는 확실히 달랐다. 아이들이 스스로 공부의 발화점에 도달하도록 한걸음 떨어져 바라보았으며, 그 과정에서 제 힘으로 인생을 꾸려나갈 토대를 단단히 다지도록 지지해주었다.

입시를 떠나 아이들이 자기 인생의 온전한 주인으로 살기 바라는 것은 모든 부모가 같은 마음일 것이다. 그럴 때 부모의 역할은 어떠해야 할까?

급상승 그래프 속 MIND TIP
믿어주고 기뻐해주기,
단순하고도 어려운 그 일

"저는 공부 못하는 아들이랑 한번 잘 살아볼 계획을 나름대로 세우고 있었어요."

고3 때 내신 8.5등급을 받은 혜윤 군 어머니의 이야기다. 남들이 1분 1초를 아끼며 공부할 때 마냥 신나게 노는 아들을 보며 '저렇게 놔둬도 되나'라는 생각이 든 적도 있다. 하지만 결론은 '억지로 시킨다고 제대로 하지도 않을 텐데, 자기가 하고 싶어질 때까지 기다리자'였다.

그렇게 마음먹을 수 있었던 것은 '이미 가본 길'에 대한 경험 때문일지도 모른다. 이공계 학자 출신으로 모두 전문직에 종사하던 혜윤 군의 부모님은 공부만이 유일한 가능성이라고 생각하지 않았다. 두 사람에게 '아이를 기다려주자'는 의미는 '언젠가는 정신 차리고 공부하겠지'를 전제하지 않았다. 공부든, 운동이든, 사업이든 상관없으니 본인이 스스로 만족하는 방법을 열 때까지 기다려주자는 것이었다. 아이가 충분히 성숙하면 무엇이 되었든 그 방법을 찾을 것이라 생각했다.

혜윤 군이 한때 입버릇처럼 말했던 것처럼 대학을 가지 않겠다고 결론을 내렸더라도 부모님은 지지해주었을 것이다. 실제로 어머니는 혜윤 군이 대학에 가는 대신 군대를 미리 다녀오고 나면 퇴직금으로 세계 일주를 하면서 견문을 넓혀주어야겠다고 계획했다.

한편으로는 가족들이 저마다 바빴던 것이 아이에게 집착할 겨를이 없었던 이유이기도 하다. 어머니는 수시로 해외 출장을 다니고 집에서도 밤 12시까지 일하는 것이 일상이었다. 그래서 아이 공부 문제가 머릿속에 떠오르더라도 그 생각을 오래 붙들고 있을 수 없었다고 말한다.

혜윤 군이 보기에 가족들 모두는 저마다의 공부와 일에 늘 열심이었다. 다른 누군가가 아닌 자신의 인생에 최선을 다하는 태도는 은연중 혜윤 군에게도 영향을 미쳤을 것이다. 한 공간에서 함께 책을 읽고 대화를 나누는 가족 분위기도 공부의 힘을 키우는 데 밑바탕이 되었다. 혜윤 군은 '내가 공부를 좋아하지 않을지라도 난 이미 잘 살아가고 있고 앞으로도 잘해낼 거야'라는 자신에 대한 믿음이 있었다. 덕분에 공부에 욕심과 의지가 생겼을 때 본인의 선택에 100퍼센트의 노력을 쏟아부울 수 있었다.

야구선수의 꿈을 키우다 뒤늦게 공부를 시작한 손수환 군에게 '부모님은 어떤 분이었느냐'고 물을 때도 비슷한 이야기를 들려준다.

"그냥 온전히 저한테 맡기셨어요. 사실 제 공부에 개입을 하셨던 적이 없어요. 그러니까 학원을 다니고 싶다고 말한 것도 저였고, 학원이 너무 효율이 떨어져서 그만두고 싶다고 말한 것도 저였어요. 또 강의 같은 걸 듣고 싶다거나 어떤 교재를 사야겠다고 할 때도 뭐든 제가 결정을 내리고 부모님은 수용하는 식이었어요."

'워낙에 알아서 잘하는 아들이었으니 그랬겠지.' 하는 말도 어느 정도는 맞지만 수환 군의 부모님은 공부 외에도 아이의 모든 선택을 일단 존중해주었다. 축구선수가 꿈이었을 때는 체육 교사가 되어도 좋겠다고 응원해주었고, 야구선수가 되고 싶다며 선수반에 들어가겠다고 했을 때도 아이의 뜻을 두말없이 따라주었다.

운동에만 빠져 사는 아이에게 학원 이야기를 꺼내보았지만 완강히 거부하는 것을 경험하고는 다시는 먼저 학원 소리를 하지 않았다. 아이가 나중에 공부는 못하더라도 최소한 '엄마 때문에 놀지도 못했다'는 소리는 안 듣겠지 싶었다. 대신 여름방학 때 국어와 수학 문제집을 한 장씩 푸는 것으로 타협을 보았다. 영어는 따로 공부할 시간이 없으니 교과서 지문만이라도 외우기로 했다.

혹시 아이 미래가 걱정되지는 않았느냐고 물었더니 이렇게 답한다.

"공부로만 생각하면 손해일 수 있지만 자기가 좋아하는 운동을 끝까지 한번 해본 경험이 아이를 굉장히 단단하게 만들 수 있을 것 같았어요. 혹시라도 운동을 그만두더라도 그 경험은 아이의 자산이 될 거라는 생각이 있었죠."

무엇보다 운동할 때 건성이 아니라 최선을 다하는 모습을 보며 마음을 놓았다. 인생을 배워가는 시기에 자기가 좋아하는 일을 스스로 찾고 거기에 몰입해 최선을 다할 수 있다면 그것으로 됐다 싶었다.

중학생 때 수환 군은 학교에서 시험을 보고 난 뒤 이따금씩 일터에 있는 어머니에게 전화를 걸곤 했다. 점수가 아주 잘 나왔다며 잔뜩 신이 난 목소리로 자랑을 늘어놓았다. 사실 객관적으로는 결코 좋은 점수가 아니었지만 문제집 한 장씩 푼 것에 비하면 괜찮은 성과였다. 그러면 잘한 게 맞다고 생각했다. 그래서 칭찬해주고 함께 기뻐해주었다.

"무엇보다 애가 그 점수를 받고 좋아하니까 저도 진심으로 기뻤어요. 축구를 하건 야구를 하건, 아이만 좋았던 게 아니라 사실은 저도 항상 좋았어요."

아이가 좋아하는 것이 무엇이든 진심으로 같이 좋아해주는 것. 아마도 부모가 줄 수 있는 아주 단순하고도 완전한 선물이리라. 수환 군에게는 그런 부모님에 대한 확고한 신뢰가 있었다. 그래서 중3 때 부모님이 진로를 다시 생각해보자고 진지하게 이야기를 꺼냈을 때도, 어쩌면 자신의 세상이 온통 흔들릴 수 있는 이야기임에도 열린 마음으로 받아들일 수 있었다.

급상승 그래프 속 MIND TIP
울타리를 쳐주되
그 안으로 들어가지 말라

수능 만점자들을 인터뷰한 학습 전문가는 부모들이 자녀의 교육에 어느 정도 관여를 했는지 조사했다. 아이를 통제한다는 답은 20퍼센트라는 낮은 수치를 보였고, 반면에 기대하고 지지해준다는 응답이 73퍼센트를 차지했다. 강하게 통제한다는 답변은 거의 찾아볼 수 없었다. 평범한 학생들만이 아니라 수능 만점자들도 부모님의 통제나 간섭이 심할수록 공부가 하기 싫어졌다고 입을 모아 말한다.

아직은 어린 나이이고 판단력 또한 완전하기 않기에 부모들이 안전한 울타리를 쳐줄 필요는 분명히 있다. 그 울타리는 외부의 해악으로부터 아이를 보호해주는 역할을 한다. 이때 중요한 것은, 부모 자신이 그 울타리 안으로 들어가면 안 된다는 것이다. 부모의 역할은 울타리 바깥에서 필요한 도움을 건네주고 지지해주는 것에 그쳐야 한다. 부모라는 이름으로 아이만의 영역을 수시로 침범하는 것은 아이 스스로 공부의 발화점을 향해 나아가는 데 가장 큰 방해 요인이 된다.

부모가 절대 하지 말아야 할 일 중 하나가 바로 '결과로 스트레스를 주는 것'이다. 부모만큼이나 아이 역시 좋은 결과를 기대하고 바란다. 아이가 만들어낸 결과를 무시하고 힐난한다면 새로운 노력을 끌어낼 동력이 시들고 만다.

난독증을 이겨내고 서울대에 합격한 은지 양의 부모님은 그런 의미에서 아이의 울타리를 존중해주는 분이었다. 등수가 떨어졌을 때도 야단을 맞은 적은 없었다. 오히려 "그 등수를 훨씬 넘는 노력을 했을 텐데 속상하겠다"는 말로 위로를 해주었다.

공부에 관해서도 부모님의 강요를 들어보지 않았다. 공부에 전혀 관심이 없던 초등학교 시절에는 학교 교과서 외에도 볼 수 있는 세상이 많다고 하셨다. 도서관에서 부모님과 함께 책을 읽거나 체험학습을 하러 다니고 가족이 함께 어울리며 시간을 보냈다.

부모님이 신경을 쓴 한 가지는 독서였다. 어릴 때부터 곁에 앉아서 책을 읽어주기도 참 많이 읽어주었고, 조금 커서는 친구들과 함께하는 독서 토론 모임도 적극적으로 조성해주었다. 그때의 경험을 살려 어머니는 현재 독서논술 교재를 개발해 공부방을 운영하고 있기도 하다.

"어느 순간에 돌이켜보니까 살면서 남는 시간을 쓰는 방법 중 하나가 독서가 되어 있고, 또 관심 있는 분야를 사람들과 이야기하며 나누는 것이 자연스럽게 삶의 습관으로 정착되어 있었어요. 부모님이 키워준 좋은 습관이에요."

공부에 꼭 필요한 끈기를 키우는 방식도 마찬가지였다. 은지 양이 지금도 또렷이 기억하는 추억이 하나 있다. 중학생이었던 당시 학교 체육 시간에 배구 토스 시험을 봤다. 제자리에서 스무 개를 성공해야 통과하는 시험이었다. 어머니와 동생과 함께 밖에서 토스 연습을 하는데 어떻게 된 일인지 딱 한 개밖에는 되지가 않았다. 동생은 옆에서 열 개씩 성공하고 심지어 어머니도 두 개는 되는데 은지 양은 매일매일 연습을 하는데도 여전히 한 개였다.

며칠째 되던 날, 지치고 짜증도 나서 "이제 그만하고 들어갈까?"라고 말했더니 어머니는 이렇게 말했다.

"어차피 집에 있으면 텔레비전 보거나 뒹굴거릴 텐데, 이렇게 같이 나와서 땀 흘리고 노니까 좋지 않아? 기간도 이왕 정해져 있으니 우리 마지막 날까지는 최선을 다해보자."

은지 양은 그때의 기억이 공부를 하는 데 상당한 영향을 주었다고 말한다. 말이 아닌 태도로 전달한 부모님의 조언들, 그리고 기복 없는 따뜻한 정서적 지지는 은지 양이 난독증이라는 인생의 위기를 극복할 때도 가장 큰 힘이 되어주었다.

책의 시작 부분에 꺼냈던 중요한 이야기를 이쯤에서 다시 한 번 반복하려 한다.

이 책은 공부라는 영역에서 좋은 성과를 거둔 여러 학생들의 이야기를 담았다. 그중에 자기 선택과 의지 없이 그런 결과를 만들어낸 사람은 단언컨대 한 명도 없었다. 본인의 주체적인 노력이 동반되지 못한다면 아이들은 원하는 결과에 도달할 수 없다. 학년이 높아질수록 그런 현상은 점점 더 두드러진다. 그리고 어느 순간, 사교육의 힘과 부모의 지원도 한계에 다다르는 시기가 찾아온다.

본격적인 수험 기간이 시작되는 그 시점부터는 모든 학생들이 혼자서 걸어야만 한다. 그때까지 누가 더 많은 양의 공부를 했느냐는 실상 부차적인 문제다. 가장 중요한 것은, 그 길을 흔들리지 않고 꿋꿋이 걸어갈 힘을 그동안 키워놓았느냐다. 부모의 역할은 바로 여기에 있음을 기억해야 한다.

🔥 어떤 부모가 아이의 공부 발화점을 지켜줄 수 있을까?

1. 아이를 믿되 단서를 달지 말라. 자녀를 믿는다는 것은, 아이가 느끼고 생각하고 선택하는 바를 존중한다는 의미다.
2. 아이가 안전하도록 울타리를 쳐주되 아이의 공간을 함부로 침범하지 말라. 전교 1등 아이들도 부모의 간섭은 질색한다.

4장

노력은 지각을 할지언정 결코 배신하지 않는다

수완

현수

예은

은지

Interview

치열한 수능이 끝난 후, 앞만 보고 달려왔던 성적
급상승 주인공들의 삶은 어떻게 변했을까? 공부
발화점을 거쳐 원하던 목표를 이뤄낸 그들의
현재가 문득 궁금해졌다. 여전히 전력 질주
중일까? 아니면 대학의 낭만을 즐기며 새로운
세상에 대한 호기심을 채우고 있을까? 이 책을
준비하면서 궁금했던 몇 가지를 질문했다. 그들은
지금 어떤 꿈을 꾸고 있을까?

> ❝
> # 행복의 균형을 맞추는 것이 공부예요
> ❞

손수환 군의 행복이란?

야구선수를 꿈꾸다 진로를 바꾼 수환 군은 지금 서울대학교 경영학과에 재학 중이다. 수환 군은 조용한 성격에 묵묵히 자기 할 일을 다하는 착실한 학생이다. 외부에 의존하지 않고 공부의 방법과 내용을 스스로 계획하고 성취하는, 자기 주도 학습의 모범적인 케이스이기도 하다. 그런 수환 군을 믿고 지지해준 부모님은 늘 수환 군에게 '공부란 지금의 행복에 균형을 맞추는 것'이라고 조언하곤 했다. 대학생이 된 지금, 수환 군이 생각하는 행복의 개념은 어떻게 변했을까?

Q 현재 수환 군이 생각하는 행복은 어떤 걸까요?

A 제가 생각하는 행복은 이전과 많이 달라진 것 같습니다. 고등학교 때의 제 행복 기준은 오로지 공부와 대학이었습니다. 성적이 잘 나오고 좋은 대학을 가면 행복해질 것이라고 믿었죠. 그래서 당시에는 현재를 희생해서 미래의 행복을 추구해야겠다는 생각을 많이 했습니다. 그런데 지금은 가치관이 많이 바뀌었습니다. 미래를 위해 현재를 희생하기만 한다면 답이 없다고 느꼈죠. 대학교에 와서도 미래의 직업을 위해 현재의 행복을 희생하고, 직업을 가진 후에는 안정적인 노후를 위해 또다시 행복을 희생한다면 불행한 삶이 아닐까요? 지금은 당장의 행복을 추구하는 것이 중요하다고 느끼고 있습니다. 그래서 다양한 취미 활동도 해보고, 노는 자리가 있으면 꼭 참석해서 전에 누리지 못했던 행복을 충분히 즐기고 있습니다.

Q 성적 급상승의 경험이 현재의 행복지수에 얼마만큼 작용하고 있을까요?

A 현재의 행복지수에 미치는 영향만을 고려하면 매우 긍정적으로 작용하고 있다고 생각합니다. 성적이 급상승해서 대학이라는 저의 궁극적인 목표를 이루었기 때문에 현재의 삶에 매우 만족하면서 살고 있죠. 만약 열심히 공부했는데도 좋은 성과를 거두지 못했다면 당연히 불만족스러웠을 겁니다.

노력해서 거둔 성과이기 때문에 자신감을 가지게 되었고, 그런 자신감 또한 현재의 행복지수에 긍정적인 영향을 미치고 있습니다. 이제는 어떤 일을 하더라도 '하면 된다'라는 생각이 기본적으로 있으니까요.

사실 야구를 그만두고 처음 공부를 시작할 때는 '이제 공부가 아니면 진짜 출구가 없다'는 생각을 했던 것 같아요. 지금 와서 생각해보면 사실 그렇진 않죠. 공부 말고 다른 길도 많지만 그때의 저는 어렸으니까 시야가 협소했고 '이 길이 아니면 앞으로 먹고 살지도 못하겠구나'라는 생각을 했어요. 그렇게 앞뒤 재지 않고 간절히 공부해서 이뤄낸 것이 현재이기에, 현재에 더 충실하게 되는 듯합니다.

Q 성적을 단기간에 많이 올리는 과정에서 힘든 부분도 있었을 듯합니다

A 네, 부정적인 면도 있어요. 빠른 시간 동안 성적이 많이 올랐고 그 후에는 이를 계속 유지해야 했기 때문에 공부 자체를 즐기거나 여유를 가지면서 공부를 할 기회가 없었습니다. 특히 고등학교 1학년 때 반에서 1등을 한 이후로는 절대 그 자리를 놓치면 안 된다는 생각을 강박적으로 했습니다. 그러다 보니 고등학교 때의 공부는 무언가를 배워 지식을 쌓는 과정이라기보다 단기간에 성과를 내야 하는 수단에 불과했죠. 그 영향이 좀 남아서 지금도 공부할 때 제대로 즐기면서 하고 있지는 않습니다. 만약 더 오랜 시간에 걸쳐서 당장 성과를 내지 않아도 되는 공부를 천천히 했다면 지금은 좀 더 즐기면서 공부를 하고 있지 않을까요?

입시 공부에만 전념했던 수환 군은 대학에 오면서 그동안 미뤄 왔던 취미 생활을 시작했다. 새로운 것을 시도하고 누리면서 한 때 야구에 흠뻑 빠졌을 때와는 또다른 즐거움을 경험하는 중이다. 고등학교 시절 공부에 몰입했던 경험은 전혀 다른 분야에 발을 디딜 때나 새로운 미래를 꿈꿀 때도 여전히 중요한 토양이 되어준다.

수환 군은 이제 어떤 내일을 그리고 있을까? 또 한참 공부하는 후배들에게 당부하고 싶은 말은 무엇일까?

Q 미래를 위해 어떤 계획을 하고 있나요?

A 고등학교 때 여러 활동을 해보면서 경영에 관심을 가졌습니다. 관련된 직업을 찾아보며 컨설팅 쪽이 괜찮은 것 같아 그쪽으로 진로를 정했었죠. 하지만 막상 대학에 와서 찬찬히 고민해보니 제가 그 직업을 가졌을 때 정말 행복할지 의문이 들었습니다. 지금은 진로를 더 명확하게 다시 설계해야 할 것 같아요. 경영학이라는 전공을 살려서 관련된 일을 하는 것도 생각 중이고, 또 학점을 잘 관리해 로스쿨에 도전하는 진로도 생각하고 있습니다. 공부는 일단 대학교에서 배우는 것을 위주로 하고 있습니다.

Q 공부 외에 최근 관심사는 무엇인가요?

A 고등학교 때부터 힙합 음악을 좋아했는데 지금도 힙합 음악을 많이

듣고 직접 랩을 한다든지 이것저것 도전하고 있습니다. 앞으로는 본격적으로 음악을 시작할 생각인데 가사도 써보고 직접 녹음도 하면서 취미를 계발해보려 합니다.

Q 대학교 1학년인 현재는 어떤 시간을 보내고 있나요?

A 우선은 진로를 찾는 것이 숙제인 것 같아요. 경영학과에 왔지만 갈 수 있는 길이 상당히 많기 때문에 여러 분야에 대해 공부를 해봐야 합니다. 1학년 때까지는 적당히 학교 공부를 하고 또 제 공부 경험을 궁금해하는 후배들에게 도움도 주고 놀기도 하면서 시간을 보낼 생각입니다. 다가오는 2학년부터 본격적으로 진로를 탐색해보고, 경영의 여러 분야에 대해 공부하는 시간을 가지면서 생각을 정리해볼 생각입니다.

Q 성적 급상승을 경험했던 과거와 지금을 비교한다면? 어떤 점이 달라졌고 어떤 점은 여전히 같나요?

A 과거와 비교했을 때 공통점보다는 차이점이 훨씬 많습니다. 성적과 공부가 인생의 전부라고 생각했던 과거에는 성적에 따라 인생도 성공하거나 실패한다고 단편적으로 생각했어요. 물론 그래서 더 노력한 것도 사실입니다. 하지만 지금은 가치관이 많이 바뀌었습니다. 성적이 썩 좋게 나오지 않더라도 그냥 '그렇구나.' 하고 받아들이게 되었죠. 성적에 연연하기보다는 공부의 외적인 부분에서 행복을 찾으려고 많이 노력하고 있습니다. 고등학교 때는 인생의 단기적인 목표인 대학 하나만을 바라보고 살았습니다. 지금은

단기적인 목표만이 아니라 장기적인 목표도 봅니다. 인생을 더 전체적으로 내다보고 두루 살필 줄 알게 되었다는 것이 큰 차이라 할 수 있겠네요.

Q 고등학교 시절 3년을 다시 보내라면 어떨 것 같나요?

A 하하, 음…… 똑같이는 못 할 것 같아요. 당연히 열심히는 하겠지만 그래도 그때보다는 잠도 더 자고 밥도 잘 챙겨 먹으면서 여유 있게 공부를 할 것 같아요. 그때는 정말 몸에 무리가 가는 게 순간순간 느껴질 정도였거든요. 사실 고등학교 시절에 공부에 관해서는 아쉬운 게 정말 없어요. 과정은 굉장히 힘들었을지 몰라도 어쨌든 최상의 결과를 냈으니까요. 학교 내에서 있었던 행사 같은 것도 웬만하면 다 참여를 해서 그 역시 아쉽지는 않습니다. 다만 친구들과 추억을 많이 쌓지 못했다는 점은 좀 아쉬워요. 어떻게 보면 그것까지 바라는 것은 욕심일 수도 있겠네요. 공부에 몰입하는 만큼 다른 것들에 보내는 시간이나 추억은 적어지게 마련이죠.

Q 후배들이 학창 시절에 꼭 놓치지 않았으면 하는 게 있다면 무엇일까요?

A 교우 관계에서 얻을 수 있는 행복을 놓치지 않았으면 좋겠습니다. 학창 시절에는 친구들을 많이 사귀고 놀면서도 얻는 게 많죠. 하지만 저는 그런 것들을 일정 부분 포기했습니다. 특히 고3 때는 쉬는 시간이나 점심시간에도 이어폰으로 귀를 막고 공부를 했기 때문에 반 친구들과 많은 교류를 하지 못했어요. 물론 시간을 아껴가며 공부하는 것은 대학이라는 목표를 위해

서는 좋은 습관입니다. 필요할 때도 있고요. 그럼에도 불구하고 고등학교 친구들과 소통하며 얻는 즐거움은 어디에서도 얻을 수 없는 것 같아요. 후배들은 저처럼 공부에만 너무 매몰되지 말고 어느 정도는 친구들과 좋은 관계를 쌓으며 행복을 얻었으면 합니다.

 손수환 군이 고등학교 때부터 지금까지 애용하는 공부 습관

1. 남에게 설명하듯 외우고 기억하기
단순히 텍스트를 읽는 공부법보다 다른 사람에게 설명하는 공부법은 훨씬 기억에 오래 남는다. 친구가 앞에 있다고 가정하고 설명하듯 공부하는 방법을 써보자.

2. 백색소음 활용하기
카페나 독서실에서 들을 수 있는 자잘한 백색소음이 공부의 집중력을 높이는 데 도움이 되었다. 유튜브나 음원 사이트에서도 백색소음을 쉽게 찾아 들을 수 있다.

> ## 시행착오를 겪어서
> ## 단점을 알게 되는 것이 공부죠

김현수 군이 언제나 환영하는 '시행착오'

공부는 하나의 과정을 마무리한다고 끝나지 않는다. 나에게 부족한 것이 무엇이고 필요한 것이 무엇인지 끝없이 알아나가는 과정이 곧 공부다. 건양대학교 의과대학 본과에 재학 중인 현수 군은 현재 또 어떤 공부와 알아가기에 도전하고 있을까? 현수 군의 특기인 '구멍 찾기'는 여전히 현재진행형일까?

Q 현재 의대 공부를 할 때도 예전처럼 시행착오와 '구멍 찾기' 방법이 유용한가요?

A 의대의 공부는 고등학교 내신 공부와 비슷합니다. 물론 해야 할 공부의 양은 의대 쪽이 훨씬 많지만요. 짧은 시간에 많이 외우고 응용해야 하는 과정은 정말 비슷합니다. 저는 고등학교 시절에 내신을 제대로 공부하지 못하다 보니 의대에 진학하고서 처음에 많은 어려움을 겪었습니다. 성적도 좋지 못했고 짧은 시간 안에 많은 양을 외워서 문제를 푼다는 게 쉽지 않았어요. 매번 기출 문제만 대충 보고 시험을 보러 가곤 했죠.

의대 동기들이 갖고 있는 노하우나 내공은 단기간에 얻어지는 게 아닙니다. 그걸 제가 단기간에 얻고자 한다면 큰 욕심이겠죠. 그래서 저는 잠을 줄여가며 다시 공부 시간을 늘렸고 재수 시절에 수능을 준비하면서 쌓은 다양한 방법을 의대 공부에 적용해봤습니다. 당장 큰 변화는 일어나지 않았지만 조금씩 개선이 되더군요. 입학 후 첫 2년 동안 하위권을 전전하던 성적이 4학년 즈음에는 평균 이상의 중상위권까지 도달했습니다. 물론 저는 여기서 만족하진 않을 겁니다. 앞으로 남은 2년의 시간 동안 계속 노력해서 '전교 꼴찌 출신이 의대 가서 잘할 수 있겠어?'라는 많은 이들의 편견을 멋지게 이겨내고 싶네요.

Q 공부의 시행착오가 긴 인생에서 어떤 의미가 있을까요?

A 저는 남들에 비해 컴퓨터를 잘 다루는 편입니다. 웬만한 워드, 엑셀, 파워포인트 같은 것들은 물론이고 포토샵, 프리미어 프로, 일러스트레이터, 스케치업 등 전문가용 프로그램들도 할 줄 압니다. 따로 어디 가서 배운 게 아닙니다. 그저 시간이 될 때 제가 지금까지 해보지 못한 부분들에 대해서 알아보려고 이것저것 검색해보고 즐겁게 연습해봤을 뿐입니다. 이렇게 다양한 프로그램을 접하다 보니 처음 보는 코딩 프로그램을 봐도 어떻게 익혀야 할지 어떤 식으로 프로그램이 구동되는지 자연스럽게 감이 옵니다.

공부하는 과정에서 얻은 시행착오는 새로운 환경을 마주할 때 어떻게 대응해야 더 빠르고 효율적으로 목표에 도달할 수 있을지 파악하도록 해주고, 불필요한 과정이나 동선의 낭비를 줄여줍니다. 소위 말하는 '삽질'을 안 하게 되는 것이죠. 시행착오는 '가지 말아야 할 수많은 길'에 대해 배우는 과정입니다. 그런 과정을 통해서 배운 많은 오류들을 가지치기하고 나면 비록 내가 처음 경험하는 부분이라도 어느 정도 지름길을 파악하는 눈이 길러집니다.

제가 재수할 때 플래너에 써둔 문장이 하나 있습니다. '수능 전에 틀리는 것은 다 맞기 위한 과정'이라는 문구인데요. 수험생 입장에서 시행착오의 의미를 가장 잘 정의하는 글이 아닌가 합니다. 오늘 틀릴 수 있습니다. 내일도 틀릴 수 있습니다. 하지만 이 모든 건 내가 목표한 수능이라는 시험에서 틀리지 않기 위한 과정에 불과합니다. 틀리면 다음에 틀리지 않기 위해 피드백하고 노력하는 과정이 필요한 거죠. 그 과정이 매일매일 쌓여가면서 나의 목표에 점차 가까워져가는 것이 시행착오를 제대로 겪는 사람들이 가는 길입니다. 그런 의미에서 시행착오를 마냥 힘들어할 것이 아니라, 지금 이 순간 그런 과정을 미리 경험할 수 있다는 것에 고마워할 수도 있지 않을까요?

Q 시행착오를 겪은 뒤에 슬럼프를 벗어나는 방법, 에너지를 보충하는 방법이 있다면?

A 슬럼프는 허구, 가상의 것이라고 생각합니다. 저는 고등학교 때까지는 핑계를 많이 대는 학생이었고 그 핑계의 주된 이유가 바로 슬럼프였습니다. 슬럼프 때문에 힘들어서 공부가 하기 싫고 성적이 안 나온다고 하면 그 누구도 혼내지 않습니다. 오히려 위로하고 응원해주죠. 슬럼프만큼 좋은 도피처가 없습니다. 그런 달콤한 면 때문에 많은 학생들이 본인이 '슬럼프를 겪고 있다'고 호소하죠. 재수할 때는 그런 자기합리화를 멈추었고 그 이후부터는 실제로 단 한 번도 슬럼프를 느껴본 적이 없습니다.

문제가 잘 안 풀려서 기운이 빠지는 날은 있을 수 있습니다. 그때는 내 수준에 비해 문제가 과하게 어려운 것이니 난이도를 살짝 낮추는 것으로 문제는 해결됩니다. 집중이 안 되는 날도 찾아올 수 있습니다. 이건 핑계의 문제라고 생각합니다. 수험생이 공부를 할 때 겪는 문제를 크게 본인의 내부에서부터 일어나는 본질적인 요인과, 스스로 어쩌지 못하는 외부 요인으로 나눈다고 할 때 집중이 안 된다는 것은 순전히 본인의 내적인 문제입니다. 물론 집안에 안 좋은 일이 있거나 친구와 관계에서 문제가 있거나 하는 외부 요인이 작용해서 공부가 안 될 수도 있죠. 하지만 대부분의 학생들이 말하는 슬럼프라는 건 내재적 요인을 스스로 해결하지 못해 발생합니다.

평소와 다르게 문제가 잘 안 풀린다, 집중이 안 된다고 해서 재빨리 슬럼프라고 규정할 것이 아니라 어떤 내재적 요인이 이런 결과를 초래했는지 나 자신부터 돌아봐야 합니다. 그러면 대부분의 문제는 마음가짐을 고쳐먹는 것만으로도 해결이 되죠. 자기합리화에 빠지지 않고 스스로를 객관적으로 보는 습관을 들이면 아주 큰 외부 요인이 발생하지 않는 이상 슬럼프에 빠질 일은 없습니다.

물론 슬럼프까지는 아니어도 체력적으로 힘들거나 일이 잘 안 풀릴 때도 있습니다. 그럴 때 저는 휴식보다는 뭔가 다른 분야의 활동을 해보는 것을 추천합니다. 실제로 저는 그럴 때 새로운 도전들을 많이 해보았고 결국 그것이 지금의 '다재다능함'으로 이어졌습니다. 단순한 휴식은 오히려 부정적인 생각만 더 깊어지게 만들 수 있습니다. 그래서 다른 새로운 것을 시도하고 거기에서 뭔가를 성취하는 경험을 해보라고 말하고 싶습니다. 그걸 통해 새로운 에너지를 얻을 수 있거든요.

270일의 재수 기간 동안 공부 외의 모든 것들을 차단했던 현수 군은 대학에 합격한 후 다시 원래의 유쾌하고 외향적인 모습으로 돌아왔다. 공연 동아리 활동에, 한화이글스 팬크리에이터로 활동하는가 하면 '의대생 김현수'라는 유튜브 채널도 운영하는 중이다. 자신의 공부법을 수험생들에게 소개하고 조언하는 이 채널을 통해, 말하기 좋아하고 지식을 나누기 좋아하는 원래의 성격을 십분 발휘한 셈이다.

별 탈이 없다면 2년 후에는 의사가 돼 있을 것이다. 현수 군은 무엇보다 '소통하는 의사'가 되는 것이 꿈이다. 사실 단순 암기 과목을 배우는 예과 때는 의대가 적성에 안 맞는다는 생각을 하기도 했다. 하지만 임상에 들어가 진짜 의사가 된 것처럼 환자를 진단하는 수업을 하면서 의대 공부가 정말 재미있고 보람 있다는 생각을 매일같이 하고 있다. 나중에도 환자들과 최대한 소통할 수 있는 과에 지원해서 말이 잘 통하는 의사, 대화하는 의사가 되고 싶다는 생각이다.

전교 꼴찌에서 의대생이 된 0.1퍼센트 신화의 주인공 김현수 군. 그에게 성적 급상승이라는 경험은 어떤 의미일까?

Q 성적 급상승 이후 찾아온 가장 큰 변화는 무엇인가요?

A 학창 시절의 저는 늘 피해의식에 찌들어 있는 학생이었습니다. 스스로 노력하는 것은 없이, 그저 남들에게 공부 잘하고 운동도 잘하고 잘 놀기까지 하는 다재다능한 사람으로 비춰지고 싶은 마음이 컸습니다. 부끄럽지만 이제라도 고백하자면, 낮은 성적을 숨기고 싶어 거짓말도 많이 했습니다. 남들이 물어보면 원래보다 부풀려서 얘기했고, 혹시라도 낮은 시험 성적이 드러나는 날엔 운이 없었다거나 몸이 안 좋았다는 식의 핑계를 습관처럼 대곤 했습니다. 그런 습관은 수능 때까지 이어져서 분수에 맞지 않는 높은 학교들에 지원을 했고 당연히 모두 떨어지는 초라한 결과를 경험했습니다.

재수 시절은 정말 치열하게, 처절하게 살았습니다. 그 노력이 성적 급상승으로 나타나면서 그때를 기준으로 저의 인생관이 여러 부분에서 달라졌습니다.

첫째, 노력의 힘을 믿게 되었습니다. 이전에는 어떤 목표가 있어도 적당히 노력하다 변화가 보이지 않으면 포기하곤 했는데 지금은 다릅니다. '적당한 노력'은 '충분한 보상'을 절대 가져다주지 않습니다. 어떤 목표를 이루기 위해서는 정말 치열한 노력이 필요하고 그 결과 어떤 식으로든 보상이 돌아온다고 생각합니다. 나 자신에 대한 믿음이 생기는 것이죠.

두 번째 변화는 자신감입니다. 저는 자기애가 강하고 자신감이 넘치는 사람입니다. 제 의대 동기들이 모두 인정할 정도죠. 남들이 모두 불가능하다고 말하고 기대조차 하지 않던 일을 제가 이뤄냈기 때문인 것 같습니다. 성적 급상승의 경험으로 더 이상 제 모습을 숨기거나 포장하기 위해 거짓말할 필요도 없어졌습니다. 그저 제가 스스로 쟁취해낸 성취를 그대로 솔직하게 드러내면 되는 거죠. 이제 누구에게도 기죽지 않고 온전한 저의 모습을 스스로 자랑스러워하게 됐습니다. 그래서 보통의 의대생들이 좀처럼 시도하지 않는 노래 경연대회나 이런저런 공모전에도 열심히 참여하곤 합니다. 제 공부법과 성적 급상승의 경험을 궁금해하는 분들을 위해 강연도 많이 했고, 책을 쓰면서 다큐멘터리 촬영까지 하게 됐죠. 모두 자신감이 만들어낸 일이라 생각합니다.

세 번째 달라진 점은 바로 자기합리화를 하지 않게 되었다는 겁니다. 재수를 하면서 제 위치를 겸허히 인정하고 다시 출발선에서 계획을 잡는 것부터 시작했습니다. 그렇게 의대에 진학했지만 솔직히 말씀드리면 1학년 1학기 때는 꼴찌로 진급을 했습니다. 이전의 김현수였다면 '내가 다양한 활동을 하느라 공부를 못했어'라며 자기합리화를 했겠지만 이제는 제 위치를 겸허히 인정하는 것부터 시작했습니다.

사실 같은 시간을 공부하더라도 제가 의대 동기들에 비해 시험을 못 보는 것은 어찌 보면 당연한 일입니다. 동기들은 어릴 적부터 공부를 열심히 해왔고 잘해온 친구들입니다. 긴 시간 엘리트의 길을 밟다가 자연스럽게 의대 입학으로 이어진 거죠. 저는 그 경우와 다릅니다. 공부의 내공이나 노하우가 부족할 수밖에 없었죠. 저의 이런 위치를 솔직히 인정하고 나니, 제가 나가야 할 길이 보였습니다.

당장 똑같은 시간을 공부해서는 동기들의 공부 밀도를 따라갈 수 없기 때문에 우선 시간을 늘려야겠다고 생각을 했고, 수업을 더 열심히 들어야겠다고 생각했습니다. 그래서 맨 뒤에 앉던 제 자리를 맨 앞으로 옮기고, 다른 활동들을 많이 하는 만큼 잠을 더 줄였습니다. 물론 그렇게 해도 단기간에 동기들의 십수년 내공을 따라잡기는 어려웠지만 점점 성적이 오르는 것이 보였습니다. 자기합리화로 스스로 방어하지 않게 된 것은, 공부뿐 아니라 인생의 전반적인 측면에서도 아주 중요한 습관이라고 생각합니다.

Q 성적 급상승으로 주변의 시선은 어떻게 변했나요?

A 솔직하게 말씀드리면 '의대생'이라는 한마디에 사람들은 '저 사람이 학창 시절 남들보다 훨씬 노력을 많이 했구나.' 하고 존중해주는 태도를 많이 보입니다.

재수학원 때만 해도 저는 성적이 낮은 아랫반이어서 무시를 당한 적이 있습니다. 그때 제 학교 친구 하나가 성적이 좋아서 윗반이었고 층도 서로 달랐습니다. 명찰에 이름과 반이 적혀 있는데 관리하는 분이 저희가 이야기 나누는 것을 보시더니 그 친구한테 "너 왜 이런 애랑 이야기하고 있어. 어서 올라가서 공부해." 이러시는 겁니다. 그러던 제가 그 학원 역사상 최하위 계열에서 유일하게 의대에 합격하게 됩니다. 전체에서 딱 하나뿐인 케이스였죠. 이후에 학원을 한번 찾아갔는데 모든 선생님들이 "너 그때 참 열심히 했지. 잘될

줄 알았어." 하시더라고요. 환경이 사람을 다르게 보이게 한다는 걸 그때 또 한 번 느꼈습니다.

그 외에도 달라진 게 굉장히 많습니다. 제가 먼저 찾지 않아도 저를 찾아주는 사람이 굉장히 많아졌습니다. 저는 열심히 노력해서 저의 능력을 키운 것뿐인데 그 능력을 필요로 하는 사람들이 많아졌다는 느낌입니다. 그래서 오늘 하루도 최선을 다해서 살아가야 한다고 느낍니다. 앞으로 더 많은 사람에게 필요하고 또 그 기대에 부응해 누군가를 도와줄 수 있는 사람이, 그런 의사가 되고 싶습니다.

Q 수험생 후배들에게 한마디

A 수능의 준비 과정은 깁니다. 목표를 달성하기에는 너무 짧고, 인내하고 버티기에는 너무나도 긴 기간이 바로 수험 생활입니다. 주변에 있는 작은 유혹에 넘어갈지, 이겨내고 앞으로 나아갈지에 따라 여러분의 인생은 크게 달라집니다. 지금 당장의 유혹을 참는 것은 매우 어려운 일입니다. 저는 아직까지도 그게 참 힘듭니다. 주말에 쉬고 싶고, 의대 공부고 뭐고 밤에 잠 좀 자고 싶다는 생각을 매일같이 합니다. 하지만 당장 결과가 보이지 않더라도 매일의 노력이 가져다줄 변화의 힘을 알고 있고 직접 경험해봤기에 졸음을 참고 책상 앞에 앉습니다.

실제로 제가 의대에 입학한 이후로 만난 수백 명의 의대생 중에서 저만큼 큰 격차로 역전을 이루어낸 사람은 한 명도 본 적이 없습니다. 단순 확률로 계산하면 아마 0.1퍼센트도 안 되는 확률일 겁니다. 하지만 제가 어떤 시간들을 거쳐 현재에 왔는지를 생각하면 결코 기적이 아니라고 생각합니다. 그리고 이것은 저뿐만이 아니라 모두에게 열려 있는 길일 겁니다. 누구든 마음만 먹는다면 저 이상의 결과를 거둘 수 있으리라고 장담합니다.

 김현수 군이 재수 때부터 의대 공부하는 지금까지 애용하는 공부 습관

1. 여기저기 흩어진 내용을 단권화하기
   자기한테 잘 맞는 교재를 하나 구입해서 파편화되어 있는 정보들을 한곳으로 몰아보자. 그러면 나만의 개념서, 나만의 최고 노트가 완성된다. 나중에 복습할 때도 자료를 찾는 시간을 단축할 수 있다.

2. 이해하며 공부하는 습관 들이기
   무작정 외우고 보는 암기 공부법은 뇌가 오래 기억하지 못한다. 시간이 좀 걸리더라도 완벽하게 문제를 이해해야 기억에 오래 남고 응용하기도 쉽다.

Interview 03

> "
> 완벽보다 최선이
> 최고의 자세입니다
> "

김예은 양이 말하는 '이 순간의 최선'

피겨스케이트 꿈나무에서 진로를 수정해 서울대학교 체육교육학과에 진학한 김
예은 양은 최선의 노력이 어떤 결과를 가져오는지 잘 아는 학생이다. 처음부터 완
벽함을 추구하기보다 주어진 매 순간에 최선을 다할 때 스스로 점점 발전한다는
것을 경험했다. 원하던 하나의 목표를 이뤄내고 또 다른 미래를 준비하는 예은 양
은 현재 어떤 하루하루를 보내고 있을까?

Q 현재의 어떤 시간을 보내고 있나요?

A 학부 4학년이 되었던 작년 초에 새로운 목표를 세웠어요. 법학전문대학원에 진학해서 선수들의 권익을 대변하는 변호사가 되고 싶다고요. 그때부터 법학적성시험을 열심히 준비했습니다. 체육교육이라는 대학 전공과 결이 다른 분야의 대학원을 준비하기 때문에 새로운 공부를 하고 있는데, 그 과정이 재미있고 보람도 있습니다.

이와는 별개로 '아이스 타이거즈'라는 싱크로나이즈드 팀의 어시스턴트 코치를 맡고 있습니다. 코로나 때문에 훈련 시설들이 문을 많이 닫아서 환경은 더 열악해졌지만 새벽 시간을 이용해서 선수들과 다음 대회를 준비하고 있어요. 싱크로나이즈드 피겨스케이팅이라는 종목은 아직 올림픽 종목으로 채택되지는 않았지만 개인적으로 중학교 때부터 이 운동을 해오면서 많은 것을 배울 수 있었습니다. 다른 빙상 종목들보다 진입 장벽과 부담이 낮으면서도, 주인공이 따로 없이 선수 각각의 역할이 모두 중요한 팀 스포츠거든요. 제가 이 종목을 하면서 느꼈던 성취감을 현재 선수 생활을 하는 후배도 느꼈으면 좋겠다고 생각해서, 대학원 공부를 하는 틈틈이 코칭 일을 병행하고 있습니다.

Q 최근 체육계에 불거진 몇몇 불미스러운 사건을 보면서 어떤 생각이 드나요?

A 제가 어렸을 때부터 운동을 했고, 또 법학전문대학원을 준비하고 있기 때문에 스포츠 선수들의 인권 문제를 늘 생각하게 됩니다. 특히 요즘 선후배 선수들 간의 여러 폭행 문제, 스포츠 미투 운동도 이슈가 되고 있는데 너무 안타까운 마음이 들었어요. 얼마 전에 고 최숙현 선수 사건도 터지면서 운동 선수들에 대한 인권 보호 문제가 주목을 받았지만, 실질적으로 선수들을 제대로 보호해줄 만한 제도적 장치나 인력이 없다는 것이 속상합니다.

이런 문제가 발생할 때마다 미흡하게 대처하고 규정을 신설하는데 급급한 실정인데요, 감정적인 대응도 중요하지만 조직적인 차원에서 근본적으로 절차를 마련해야 한다는 생각을 해요. 지금은 우리나라 체육계가 앞으로 어떻게 변해야 할지 고민해보아야 하는 시기라고 생각합니다.

수능 전 과목에서 단 세 문제만을 틀리는 높은 성적을 거둔 예은 양이 체육교육과를 선택하자 주변에서는 의외라는 반응이 많았다. 실제로 수도권 의대도 한 군데 합격한 터라 '의대에 가지 그랬냐'는 소리도 숱하게 들었다. 하지만 오래전부터 마음속으로 준비해왔던 진로가 명확했기에 운동을 벗어나 다른 길로 갈 생각은 없었다.

지금은 법학전문대학원을 준비하는 운동 코치로서, 예은 양의 꿈은 여전히 진화하는 중이다. 원하는 목표와 꿈을 이루기 위해 성적 급상승을 이뤄냈던 경험은 예은 양에게 어떤 영향을 미쳤을까?

Q **고등학교 때 성적이 급상승했던 경험은 예은 양에게 어떤 영향을 미쳤나요?**

A 그때의 경험은 저에 대한 믿음을 가지게 해주었습니다. 자기효능감이라고 하죠? 내 능력에 대한 믿음이 생겼어요. 꼭 공부와 관련된 상황이 아니더라도, 새로운 분야에 도전하거나 새로운 일을 할 때 예전에 그랬던 것처럼 앞으로도 잘할 수 있을 것이라는 확신이 생겼어요.

노력처럼 어느 정도 제가 통제할 수 있는 부분에 대해서는 걱정을 크게 하지 않는 태도도 가지게 됐습니다. 공부든 운동이든 노력과 시간을 진정으로 들였다면 꼭 최선의 결과가 아니더라도 후회하지 않을 수 있고, 실제로 대부분 좋은 결과로 돌아오기도 하니까요. 저 나름대로는 공부를 해서 스스로 만족할 만큼의 성적을 냈습니다. 철저하게 노력해보았던 경험을 살려 무엇을 시작하면 끝까지 해봅니다. 설사 그것이 무모한 도전이어서 잘 안된다고 하더라도 조금씩 성장해나가는 과정이라고 받아들입니다.

Q 성적 급상승을 경험했던 과거와 지금을 비교한다면? 어떤 점이 달라졌고 어떤 점은 여전히 같나요?

A 가장 크게 달라진 점은 남들과 저를 비교하지 않게 된 거예요. 성적이 낮았을 때는 성적이나 제가 처한 환경을 남들과 비교하면서 스트레스를 많이 받았어요. 예를 들어 학교에서 성적이 좋은 친구들이 하루에 공부를 열 시간 한다고 말하면 그게 정답이라고 믿었고 거기에 따라가지 못한 스스로를 자책했습니다. 또 어디까지 선행을 했다, 어떤 문제집들을 이미 끝냈다 이런 이야기를 들어도 마찬가지로 이미 벌어진 공부량 차이를 극복할 수 없을 것 같아서 초조했어요.

하지만 막상 공부하기로 마음을 먹고 작은 것부터 하나하나 공부해서 성적이 많이 오르면서 저만의 공부법이 생기니까 그 이후에는 남들과 저를 비교하지 않게 되더라고요. 제 생각엔 공부를 못했을 땐 불안감에 뭐라도 잡고 싶고 이야기를 듣고 싶은 심정 때문에 남들과 비교를 많이 했던 것 같은데, 이제 전혀 그러지 않아요.

Q 현재는 어떤 일에 에너지를 가장 많이 쏟고 있나요?

A 일단은 제가 지금 하고 있는 스케이팅 코치 일에 최선을 다하고 있습니다. 미리 영상들을 보고 더 좋은 훈련을 계획하죠. 혼자서도 가끔 연습을 하러 갑니다. 제가 가르치는 아이들에게 모범을 보여주고 싶거든요.

제일 열심히 하는 공부는 아무래도 대학원 준비입니다. 과학 교과를 접하지 않은 지 꽤 오래됐는데 대학원 공부에 도움이 될 것 같아 교양 강의도 듣고 책도 많이 사서 읽었어요. 대신에 노는 것도 열심히 하려고 합니다. 놀 때도 최선을 다해서 에너지를 써가며 열심히 놀고 있습니다.

Q 예은 양이 생각하는 '최선'이란 구체적으로 무엇일까요?

A 제가 생각할 때 최선이란 스스로 후회 없을 만큼의 노력을 통해서 힘든 상황에서도 믿을 구석을 만드는 것이라고 생각합니다. 수능을 준비하는 수험 생활에 적용해보면, 엄청난 부담감과 긴장감 속에서도 자기 자신이 걸었던 길을 생각하면서 조금이라도 안심할 수 있는 자신감을 만드는 것이라고 할 수 있습니다. 수능 전날 밤 자기 전에 아무리 준비를 많이 한 사람이라도 걱정이 안 될 수가 없잖아요. 이럴 때 '나는 내가 할 수 있는 최선을 다했고 세웠던 공부 목표들을 모두 달성했으니까 후회가 없다'는 생각이 들면, 불안하고 걱정됐던 마음이 조금 누그러집니다. 지금까지 내가 했던 모든 노력들을 믿고 내일 당당하게 시험을 보러 가자고 다짐할 수 있는 거죠.

수능이 조금 더 남은 시기의 최선은 더 엄격하게 이야기할 수 있을 것 같은데, 이때 최선은 자신이 원하는 결과를 얻을 만한 자격을 충분히 갖추었는지가 기준이라고 생각해요. 내가 어떤 목표를 달성하기 위해 객관적으로 이만큼 노력을 했고, 따라서 그런 결과가 전혀 과분하지 않다고 스스로 생각할 수 있다면 그건 최선을 다한 것이라고 생각합니다.

Q 최선을 다했을 때 얻는 보상에는 어떤 것들이 있을까요? 혹시 본인이 설정한 보상이 따로 있을까요?

A 공부가 항상 재미있을 수는 없어요. 하지만 공부를 피할 수는 없는 상

황이기 때문에 스스로 최면을 걸었습니다. 시험은 스스로의 능력을 입증하고 보여줄 수 있는 좋은 기회라고 생각하면서 말이죠. 시험에서 높은 점수를 받으면 기분이 안 좋을 수가 없잖아요. 그걸 재미로 공부를 지속할 수 있었습니다. 초등학교, 중학교 때까지는 물질적인 보상도 받았죠. 시험 평균 몇 점넘으면 그때 유행하는 물건을 사거나 부모님께 용돈을 받기도 했어요. 고등학교 이후로는 그런 내기를 한 적이 없는 것 같아요. 저는 물질적 보상보다는스스로 얻는 성취감과 뿌듯함이 더 좋았습니다.

Q 수험생 후배들에게 한마디 부탁드립니다

A 제가 고등학교 3학년 때 겉으로는 자신감이 넘쳐 보였지만 내적으로 가장 불안했던 시기였어요. 그때 학교에서 수능 50일을 남겨두고 학생들에게 작은 책을 나눠줬습니다. 각 장마다 저희를 가르쳐주셨던 선생님들이 학생들에게 해주고 싶은 이야기를 적은 것이었어요. 명언이나 이야기를 인용해주시는 선생님도 많았는데, 다음의 글이 저에게 가장 큰 위로가 됐습니다. 말로 표현할 수 없는 외로움과 막막함은 성적과 상관없이 모든 학생들에게 있을 것 같습니다. 저는 재수 때도, 대학원을 준비하는 지금도 이 글을 보며 다시 나아갈 힘을 얻어요. 후배들에게도 작은 위로가 되었으면 좋을 듯해서 인용합니다.

〈동행〉
옛날 아메리카 인디언들은 사내아이에게 용기를 심어주는 독특한 훈련을 시켰습니다. 그중에 한 가지는 맹수들이 우글거리는 산 한복판에서 홀로 밤을지내는 것입니다. 말할 것도 없이 그 아이는 극한의 외로움과 두려움 속에서밤을 보냅니다. 그러나 날이 밝아오면서 아이는 아버지가 가까운 나무 뒤에서

만반의 준비를 갖춘 채 화살을 당기고 있었음을 보게 됩니다. 아들은 몰랐지만 아버지는 밤새 아들을 보호하고 있었던 것입니다.

깊은 숲속에 홀로 선 그 아이처럼, 우리 학생들도 처음 겪어보는 통과의례의 숲 깊숙한 곳에서 불안해하며 지금 서 있을지 모릅니다. 그러나 당신은 결코 혼자가 아니라는 것을 기억하세요. 지금까지 의식하지 못했을 뿐, 당신을 사랑하는 누군가가 당신을 생각하며 당신을 위해 여전히 기도합니다. 당신은 결코 혼자 있지 않고, 동행하는 중입니다.

 김예은 양이 대학원을 준비하는 지금까지 애용하는 공부 습관

1. 공부 전용 스케줄러 사용하기

친구와의 약속이나 일과를 적는 스케줄러와 별도로 공부와 관련된 사항만을 체크하는 스케줄러를 따로 사용한다. 그 안에는 시험 일정, 정기적 과제물, 강의별 평가 기준 뿐 아니라 공부한 총 시간까지 적어놓는다.

2. 원본 파일과 복사본 파일로 나만의 정리 노트 만들기

시험 범위가 확정되면 공부할 내용을 개념 정리한 긴 원본 파일을 만들고 그걸 복사한 파일을 네 개 정도 더 만든다. 반복 학습 끝에 알게 된 내용은 하나씩 지워나간다. 최종적으로 남은 내용은 본인이 제일 헷갈리고 어려워하는 문제다. 고등학교 때는 손으로 노트를 만들었지만 대학에 와서는 컴퓨터로 작업을 한다.

> "
> 공부에 쓰는 에너지는
> 다른 곳에도 쓸 수 있어요
> "

이은지 양의 집중력에 관한 이야기

서울대학교 심리학과에 재학 중인 이은지 양은 1차적으로 심리학자를 꿈꾸고 있지만 다른 진로를 택할 가능성도 열어두고 있다. 은지 양은 크고 작은 목표를 향해 달려갈 때의 쾌감과 몰입감을 사랑하는 학생이다. 제일 좋아하는 에그타르트 가게까지 걸어갈 때와 창밖에 떠오르는 해를 볼 때의 작은 몰입감 또한 소중하다. 현재를 즐길 줄 아는 은지 양은 어떤 미래를 구상하고 있을까?

Q 현재 어떤 시간을 보내고 있는지 이야기해주세요.

A 현재 심리학자를 꿈꾸면서 전공인 심리학 공부를 열심히 하고 있습니다. 강의 시간에 배우는 내용도 물론 열심히 공부하고요, 관련된 연구 주제를 생각해보거나 연구를 직접 설계해보는 식의 고민도 많이 합니다. 부족하다고 생각하는 부분이 영어 말하기라서 그 부분을 채우려는 노력도 하고 있어요. 전문 용어가 많이 나오는 미드나 다큐멘터리를 보면서 어휘나 문장력을 높이려 합니다.

Q 공부 외의 시간들은 어떻게 보내고 있나요?

A 네, 현재의 제 마음을 잘 챙겨주고 잘 쉬는 법을 배우는 것도 중요하다는 생각이 듭니다. 예전에 난독증이 왔을 때도 쉬는 시간을 충분히 가졌지만 체력적 회복을 넘어서 정신적 회복을 가져다주는 휴식 방법을 찾기란 쉽지 않은 것 같아요. 저한테 진정한 휴식이 되는 일들을 이것저것 시도해보고 있습니다. 음악을 들으면서 달리거나 판타지 소설 쓰기, 친구들 만나기, 여행 등이 저한테는 위안이나 활력이 되는 것 같아요. 앞으로도 더 다양한 시도를 해보려 해요.

A 최근의 관심사는 인지심리학입니다. 인간의 정보처리 수용 능력과 과정에 대해 직관적으로 얻을 수 있는 이해, 그리고 그 이상의 이해가 실험을 통해 가능하다는 사실이 너무 매력적이라고 생각해요. 그래서 인간의 인지 능력을 탐구할 수 있는 여러 실험을 구상해보는 일에 빠져 있습니다.

현재 맡고 있는 독서논술 과외도 신경을 많이 쏟고 있어요. 두 팀을 맡은 지 1년이 지났는데요, 고등학교 교육 과정 내용을 확장해서 독서 토론도 하고 에세이도 쓰는 수업입니다. 학생들이 예상보다 더 열심히 고민하고 진지한 글을 써주는 바람에 어느새 제 자랑이자 자존감의 원동력이 되었더라고요. 이 친구들이 어떻게 하면 더 즐겁게 독서하고 성장하도록 도울 수 있을까 많은 고민을 하고 있습니다.

은지 양은 사람을 만나고 이해하는 일에 늘 매력을 느낀다. 심리학이라는 분야를 공부할 때만이 아니라 소설 쓰기, 친구 만나기, 여행, 과외 등 누군가를 마주하고 들여다보는 일을 할 때가 행복하다.

오래전부터 꿈꿨던 심리학자가 되기 위해 여전히 노력 중인 은지 양은 어떤 식으로 에너지를 활용하고 보충할까? 순간순간 몰입하는 것이 특기인 은지 양이 말하는 집중력이란 무엇일까?

Q 공부할 때 쓰는 에너지를 어떤 방식으로 보충하나요? 자신만의 비법이 있다면 알려주세요

A 공부가 잘되면 그 경험이 다음 공부의 에너지가 되기 때문에 별다른 에너지 보충은 필요 없다고 느껴요. 문제는 공부가 원하는 대로 잘되지 않을 때죠. 이때는 노력에 대한 보상이 단기적으로 잘 느껴지지 않거든요. 불확실한 미래를 위해서 오늘을 희생해야 하나 싶어서 쉽게 지칩니다. 이럴 때는 제가 예전에 정복했던 어려운 학습 내용을 꺼내서 봅니다. 한 장씩 페이지를 넘겨볼 때마다 '나는 결국 해낼 수 있어'라는 생각이 들면서 지금 절 힘들게 하는 공부에 대해 다시 도전 정신이 살아납니다.

그런데 이 방법을 써도 해결되지 않을 때가 있어요. 그러면 산책을 나가서 제일 좋아하는 에그타르트를 하나 먹고, 도심 속의 자연을 보면서 휴식을 취합니다. 너무 안 될 때는 스스로를 탓하지 말고 긴장을 이완해주는 작은 행복을 챙기는 게 오랫동안 공부할 수 있는 비결인 것 같아요.

기말고사 직후나 수능 직전의 여름방학 등 너무 많은 에너지를 소진한 후라 번아웃 상태에 놓였을 때는 최대 2주까지 아무것도 안 하고 쉬어본 적도 있어요. 보통 소설을 읽거나 친구들이랑 수다를 떠는 등 제가 좋아하는 일들로 일상을 꽉 채워서 쉽니다. 그러다 보면 어느 정도 체력은 채워졌는데 아직 마음이 움직이지 않아서 마냥 놀고 싶을 때도 있어요. 그럴 때는 의식적으로 다시 책상 앞에 앉아서 매일 한두 시간씩만 제일 좋아하는 과목을 공부하는 시간을 가졌어요. 그러면 공부를 통해 성취했을 때의 쾌감이 다시 떠오르면서 공부에 집중하게 됩니다.

4장 노력은 지각을 할지언정 결코 배신하지 않는다

Q 공부 외에 다른 것을 할 때도 강한 집중력을 발휘하는 편인가요?

A 공부 덕분인지는 모르겠지만 일상의 모든 면에서 과제에 집착하는 힘이 높은 편입니다. 아이돌 안무를 외워서 춤을 추는 것이나 엔딩이 있는 게임들을 끝까지 깨는 것도 그렇고요. 뭐든 제가 빠지거나 목표한 일이 있으면 끝까지 해내곤 해요.

만약 어렵다고 느껴지면 전체 과제를 작은 단위로 쪼개서 힘들지 않을 만큼이라도 매일매일 해서 성공적으로 완수합니다. 어떤 일이든 간에 목표를 달성한다는 건 즐거운 것 같아요. 길을 가다가도 뭔가 달성한 일이 떠올라서 피식 웃게 되는 때도 있어요. 그런 순간에는 '내가 지금 행복하구나'라고 느껴져서 뭔가 풍족해지는 기분이 들어요.

Q 그런 집중력의 비결이 있다면 무엇일까요?

A 저는 워낙에 한번 집중하면 주변의 소리도 잘 못 듣고 시간이 가는 줄도 모르는 타입인데요, 제 집중력에 비결이 있다면 다음 두 가지 같아요.

첫 번째는 집중해야 할 대상을 선택할 때, 그 상황에서 가장 애정을 가지고 몰입할 수 있는 대상을 고르는 겁니다. 그러면 아무래도 집중도가 높아질 수밖에 없어요. 고등학교 시험 범위 같이 제가 선택할 수 없는 경우를 만나면 그 내용들이 왜 나에게 의미가 있는지 이유를 먼저 찾은 후 공부를 했어요. 그러면 공부에 대한 몰입도가 확실히 좋아져요. 사실 진지하게 들여다보면 절대 공부할 필요 없는 내용은 적어도 고등학교 교육 과정에는 없더라고요.

두 번째는 소란스러운 공간에서 집중하는 연습을 지속적으로 했어요. 어릴 때 학습지를 빨리 끝내놓고 놀고 싶어서, 드라마를 보거나 지하철을 타면서 학습지를 많이 풀었습니다. 고등학교에 와서도 운동장이나 복도처럼 시끄러운 곳에서 집중하는 시간을 꾸준히 가졌어요. 이런 습관 덕분에 소음을 배제하고 선택적으로 집중하는 능력이 길러진 것 같습니다. 다만, 이런 시도는 조용한 공간에서 스스로 집중할 수 있는 능력을 먼저 키우고 난 후에 하는 게 좋다는 생각이 듭니다.

Q 많은 학생들이 마음먹은 대로 성적이 나오지 않고 공부를 할 의욕도 생기지 않는다고 고민하는데, 어떤 이야기를 해줄 수 있을까요?

A 앞에서 말한 내용과도 연결되는 이야기인데, 본인이 왜 공부를 해야하는지에 대해서 나름의 답을 찾아본 다음에 공부를 시작하는 게 중요하다고 생각해요. 사실 저는 '만약 나한테 꿈이 없었다면 이렇게까지 공부를 열심히 할 수 있었을까?' 라는 생각이 들거든요. 그래서 그 자리에서 먼저 목표 지점을 설정한 후에 공부를 하는 것이 좋다고 생각합니다. 아무런 동기도 없이 막연하게 공부를 해야 한다고 스스로 다그치면 오히려 소모적인 시간을 보내게 될 수 있어요. 그래서 먼저 내가 왜 공부를 해야되는 걸까라고 한번쯤은 질문을 던져본 후에 노력을 시작했으면 좋겠습니다.

그게 꼭 구체적인 미래랑 연관된 것이 아니어도 좋아요. 고등학교 때 제 친구 하나는 다른 과목들은 영 취미가 없었는데 딱 한 과목은 늘 성적이 1등급 아니면 2등급이었어요. 그 친구가 하는 말이, 그냥 다른 이유는 없고 그 과목이 진짜 재미있어서 열심히 한다고 하더라고요. 내가 뭔가를 좋아하고 조금이라도 소질이 있구나 하는 단순한 이유에서라도 일단 시작을 해보면 어느 순간 그 부분의 성적이 오르고 특정 분야에서 진로를 찾을 수 있죠. 사실 공부의 이유는 다양하다고 생각해요.

Q 본인이 생각하기에 공부는 타고난 머리의 힘인가요, 아니면 노력의 힘인가요? 본인은 어느 쪽에 가깝나요?

A 물론 두 가지 다 관련이 있겠지만 저는 머리보다는 노력이 훨씬 더 영향을 많이 준다고 생각하는 사람이에요. 일단 제가 고등학교 때 수학 성적이 5등급까지 내려갔다가 1등급으로 오르기도 했고, 다른 과목들도 편차가 컸거든요. 공부는 늘 꾸준히 했는데도요. 만약 타고난 머리가 좋았다면 처음부터 쭉 좋은 성적을 받지 않았을까요? 결과적으로 제 결과를 만들어준 건 노력이 훨씬 더 컸다고 생각합니다.

Q 공부를 잘한다는 건 인생에서 어떤 의미가 있을까요?

A 저는 공부에 썼던 열정만큼 다른 부분에도 열정을 가졌다고 스스로 생각해요. 고등학교 때도 친구들이랑 토론을 할 때나, 외부에서 같이 신나게 활동을 하거나, 하다못해 운동회나 축제 무대를 꾸며서 단체로 춤을 추거나 할 때도 그만큼 열심히 했거든요.

그래서 제가 공부에 쓰는 에너지는 사실 그저 공부만을 위한 에너지가 아니라 어디에서나 쓸 수 있는 에너지라고 생각해요. 제가 가지고 있는 하나의 가능성이라는 거죠. 공부를 한다는 것, 그리고 그 노력의 경험과 그때 쏟아부었던 에너지는 일종의 개인적인 자산 같은 거라고 생각을 합니다. 어디든 활용해낼 수 있는 에너지죠.

Q 마지막으로 수험생 후배들에게 한마디 부탁드립니다

A 제가 드리고 싶은 팁은 수능 날에 대비해서 미리 시뮬레이션을 충분히 해보라는 겁니다. 저는 6모, 9모가 끝나고 매 교시의 느낀 점들을 일기 쓰듯이 최대한 세세하게 기록했어요. 그걸 보면서 수능 날 혹시라도 당황하게 될 경우를 미리 대비할 수 있었습니다. 물론 수능은 아무리 준비를 많이 해도 내 마음대로 안 되는 시험일 수 있어요. 그래서 인생의 수많은 부분 중 수능이라는 한 조각으로 스스로를 너무 몰아붙이거나 상처 주지는 않았으면 합니다.

 미래의 심리학자 이은지 양이 지금까지 애용하는 공부 습관

1. 다음날 해야 할 공부 중 1퍼센트를 전날에 미리 해두기
계획표 대로 매일의 공부를 완수한 뒤에는 다음날에 예정된 공부 계획 중 일부분을 미리 해둔다. 예를 들어 영어 단어 50개 외우기가 내일의 할 일이라면 한두 개를 미리 외우고 잔다. 전날의 소소한 노력 덕분에 다음날 공부의 시작이 가벼워지고 가속도가 빨리 붙는다.

2. 어려운 공부는 첫 시간에 배정하기
공부를 시작할 때가 가장 의욕이 높고 몸의 컨디션도 좋기 때문에 제일 어려운 내용이나 과목을 먼저 공부한다. 그 뒤로는 상대적으로 적은 힘을 들여도 공부의 궤도에서 이탈하지 않을 수 있다.

SBS 스페셜

성적 급상승
공부법의
비밀

SBS스페셜
성적 급상승 공부법의 비밀

초판 1쇄 발행 2021년 1월 18일
지은이 SBS스페셜 제작팀
펴낸이 정덕식, 김재현
펴낸곳 (주)센시오

출판등록 2009년 10월 14일 제300-2009-126호
주소 서울특별시 마포구 성암로 189, 1711호
전화 02-734-0981
팩스 02-333-0081
메일 sensio0981@gmail.com

기획·편집 이미순, 심보경
외부편집 임성은
마케팅 허성권, 서혜경
경영지원 김미라
디자인 Design IF
저작권자 © SBS

ISBN 979-11-90356-99-2 13370

소중한 원고를 기다립니다. sensio0981@gmail.com